ARSÈNE HOUSSAYE

LE
CHIEN PERDU
ET LA
FEMME FUSILLÉE

TOME I

LES ÉPOUVANTEMENTS

PARIS

E. DENTU, LIBRAIRE-ÉDITEUR

PALAIS-ROYAL, 17 ET 19, GALERIE D'ORLÉANS

1872

Tous droits réservés.

LE CHIEN PERDU

ET

LA FEMME FUSILLÉE

I

ARSÈNE HOUSSAYE

LES GRANDES DAMES

MONSIEUR DON JUAN. — MADAME VÉNUS. — LES PÉCHERESSES BLONDES
UNE TRAGÉDIE A EMS.

LES PARISIENNES

LA FEMME QUI FRAPPE. — MADEMOISELLE PHRYNÉ. — LES FEMMES ADULTÈRES.
LES FEMMES DÉCHUES.

LES COURTISANES DU MONDE

MESSALINE BLONDE. — LES AVENTURES DE VIOLETTE. — LES FEMMES
DÉMASQUÉES. — COMMENT FINISSENT LES PASSIONS.

10ᵉ édition. — 12 vol. in-8º cavalier, avec portraits et gravures, 60 fr.

HISTOIRE DU 41ᵉ FAUTEUIL DE L'ACADÉMIE

DEPUIS MOLIÈRE JUSQU'A BÉRANGER

7ᵉ édition. — Portraits. — 1 vol. in-8º cavalier.

MADEMOISELLE DE LA VALLIÈRE

ÉTUDES HISTORIQUES SUR LA COUR DE LOUIS XIV.

5ᵉ édition. — Portraits. — 1 vol. in-8º cavalier.

LE ROI VOLTAIRE

5ᵉ édition. — Gravures. — 1 vol. in-8º cavalier.

VOYAGE A MA FENÊTRE

1 vol. in-8º cavalier. — 5ᵉ édition. — Gravures de Johannot.

NOTRE-DAME DE THERMIDOR

Nouvelle édition. — 1 vol. in-8º cavalier. — Portraits.

HISTOIRE DE LÉONARD DE VINCI

1 vol. in-8º. — Portraits.

MADEMOISELLE CLÉOPATRE

8ᵉ édition. — 1 vol. grand in-8º.

PRINCESSE DE COMÉDIE ET DÉESSE D'OPÉRA

1 vol. in-8º cavalier. — 10ᵉ édition. Gravures de Flameng.

HISTOIRE DES PEINTRES FLAMANDS

1 vol. in-folio, illustré de 100 magnifiques gravures.

POÉSIES COMPLÈTES

8ᵉ édition. — 1 volume in-8º. — Gravures.

IMPRIMERIE TOINON ET Cᵉ, A SAINT-GERMAIN.

ARSENE HOUSSAYE

LE
CHIEN PERDU
ET LA
FEMME FUSILLÉE

TOME I

LES ÉPOUVANTEMENTS

PARIS

E. DENTU, LIBRAIRE-ÉDITEUR

PALAIS-ROYAL, 17 ET 19, GALERIE D'ORLÉANS

1872

Tous droits réservés.

A JULES JANIN

CE ROMAN EST DÉDIÉ

Mon cher Janin,

ous aviez vingt ans; c'est du plus loin qu'il vous en souvienne: vous étiez dans le rayonnement de cette jeunesse toujours remontante comme les roses d'Horace, quand vous avez écrit L'ANE MORT ET LA FEMME GUILLOTINÉE. C'était un livre immortel; vous ne le saviez pas : ainsi va le génie humain. Voltaire ne croyait écrire qu'une gaminerie en

a

écrivant Candide ; l'abbé Prévost ne signait Manon Lescaut qu'avec inquiétude. Il n'y a que les doctrinaires de la littérature qui s'imaginent signer des chefs-d'œuvre.

Pour moi, qui viens d'écrire le Chien perdu et la Femme fusillée, je suis bien sûr de signer ici des pages mortelles entre toutes. Et pourtant, ces pages-là, je vous les dédie, avec la foi d'une amitié qui a deux fois vingt ans.

Vous savez déjà que ce n'est pas pour vous imiter, vous qui êtes inimitable, que ce titre m'est venu à l'esprit : j'ai vu le chien perdu, j'ai vu la femme fusillée. Je ne pouvais trouver d'autre titre pour mon roman.

Un livre inutile de plus ! Mais vous savez que pour l'imagination du lecteur, un livre, quel qu'il soit, c'est l'échappée dans l'infini, c'est l'horizon qui s'ouvre, c'est le coup de l'étrier. Qu'on me donne au moins un dictionnaire, disait un prisonnier privé de livres. On lui donna un catéchisme, il fut sauvé. Le vieux Balzac, parlant des mauvais livres, disait : « Ce sont des carrosses qui vous malmènent et qui vous cahotent, mais enfin on arrive comme avec les meilleurs. » Je dirai de mon livre : On versera peut-être en route, mais on aura voyagé.

Dans quel pays, mon Dieu! A travers les drames de cette Commune de Paris, qui avait rêvé la terre promise — toujours en traversant la mer Rouge.

Cordialement à vous, mon cher Jules Janin, pour finir comme j'ai commencé.

ARSÈNE HOUSSAYE.

PERSONNAGES

FEMMES.

Blanche de Volnay.
Violette de Parisis.
Marguerite Ducharme.
Diane Ducharme.
Angéline Duportail, surnommée l'*Amazone*.
La Voyante.
Fine-Champagne, vivandière.
La Grande Chaourse.
Flambine. — Souillon. — Cigarette.
Une comédienne.
Femmes de tous les mondes.
Chœur de buveuses de bière.

HOMMES.

Eugène Henryet, capitaine de l'armée de Versailles.
Adolphe Ducharme, surnommé Cœur-de-Lion, colonel des fédérés.
Montjoyeux.
Le comte René de Volnay.
L'homme anonyme.
Carnaval.
Un détaché d'ambassade.
Le lieutenant Georges Henryet.
Antechrist. — Midi-a-Quatorze-Heures. — La Clef-des Cœurs.
Chœur de buveurs de vin.

CHIEN.

Thermidor.

LE CHIEN PERDU
ET
LA FEMME FUSILLÉE

LIVRE I.

LES AMOUREUSES SOUS LA COMMUNE.

I.

COMMENT UN CAPITAINE DE FRANCS-TIREURS SAUVA UN CHIEN, LE NOMMA THERMIDOR ET L'ADOPTA.

> Dieu a créé le Bien, l'homme
> a créé le Mal.
> CONDORCET.

C'était le 17 août 1870 — ancien style — ou le dernier jour de Thermidor, nouveau style — comme il vous plaira.

Une compagnie de Francs-Tireurs, composée de quelques chenapans, de quelques aventuriers et de quelques vaillants hommes, s'était mise en embuscade sous le bois de la Chesnaye, aux premières collines des Vosges.

La compagnie était très-ardente à combattre les Prussiens.

Les plus mauvais de la troupe avaient fait leur devoir : aussi leur pardonnait-on quelques actes de pillage dans les fermes voisines, quand ils disaient : « Il ne faut rien laisser aux Prussiens ! »

Le capitaine, un ancien officier de zouaves, qui avait quelque peu fait parler de lui au Mexique, était adoré de ses hommes; il était beau, il était brave, il était téméraire. Il se moquait de Dieu et du diable ; il foulait aux pieds tous les préjugés; il criait déjà *Vive la République !* au milieu des siens, disant qu'après les premières défaites du Rhin, Napoléon III ne pouvait rentrer dans sa bonne ville de Paris.

Ce jour-là on avait tué trois hulans; mais le quatrième, plus ou moins blessé, s'était enfui sur un cheval de feu pour revenir avec du renfort.

Prussiens par-ci, Prussiens par-là : les Francs-Tireurs ne croyaient pas que la retraite fût possible. Ils se résignaient depuis quelques jours à vivre dans les bois, décidés à tout, même à mourir, mais après avoir vaillamment joué de leur reste.

Adolphe Ducharme — c'était le nom du capitaine — donna l'ordre à un grand gaillard d'aller à une petite ferme perchée au-dessus d'un ravin où ils avaient tous déjeuné au point du jour.

— Carnaval, tu vas aller là ! Tu diras à la baronne qu'elle vienne encore me dire adieu ; car cette nuit, nous allons marcher rude. Comme la baronne est très-gourmande, tu lui porteras ce petit bouquet de fraises et tu lui promettras que nous en cueillerons d'autres.

— Un drôle de pays ! dit Carnaval en prenant le bouquet : les fraises n'y mûrissent qu'au mois d'août. Et encore elles ne sont jamais mûres.

— Va vite ! car nous partirons à la brune.

Une demi-heure après, Carnaval amenait la baronne attendue.

C'était une fort belle créature, grande, rieuse, désinvoltée, qui avait plutôt l'air d'une comédienne que d'une femme du monde.

C'est qu'elle avait traversé tous les mondes — même les plus mauvais.

Elle se jeta dans les bras d'Adolphe Ducharme.

— Tu vois, lui dit-elle, que je ne me suis pas fait prier. Je sentais bien que nos adieux de ce matin n'étaient pas les derniers.

Et souriant avec des dents blanches, mais avec des lèvres peintes :

— Et puis, tu sais, la gourmandise m'a donné des jambes; j'aime tant les fraises sauvages !

Carnaval s'était discrètement éloigné, quoiqu'il se complût à tous les spectacles amoureux.

Elle portait un très-joli costume de chasse que Worth lui avait dessiné, le dernier hiver, pour une chasse quasi royale chez un de ses anciens amants.

Sa belle chevelure noire, en débordant, ruisselait sur ses joues et sur son cou — ce qui accentuait encore son expression de franche viveuse.

— Comme tu es jolie ! lui dit avec amour Adolphe Ducharme. Ne va pas faire des tiennes en retournant à Paris !

— Allons donc ! quand la Patrie est en danger, mon éventail, c'est le drapeau tricolore !

— Le drapeau rouge ! dit Adolphe Duportail, qui pensait à ses amis Rochefort et Flourens.

La dame s'appelait Angéline Duportail; ces

messieurs du club disaient *la Duportail*; Adolphe Ducharme disait Angéline.

Elle se faisait appeler aussi — c'était son droit — la baronne de Courthuys; car elle avait, pour s'amuser, épousé un vieux baron, sans le sou, qui n'avait pas survécu à cette dernière folie.

Elle n'avait eu qu'un amour parmi toutes ses aventures. Elle n'avait aimé qu'Adolphe Ducharme. Aussi s'était-elle hasardée à venir le retrouver jusque dans les Vosges, disant qu'elle ferait la campagne avec lui.

Elle avait bientôt compris toute la folie de son équipée. Elle s'était décidée à revenir à Paris, sur sa promesse qu'il reviendrait bientôt lui-même.

Ils cueillirent donc des fraises comme des amoureux de quinze ans. Les fraises étaient vertes; mais, comme disait Adolphe Ducharme, en passant sur les lèvres d'Angéline, elles devenaient rouges.

Quand par hasard il en trouvait une mûre, il la promenait sur la bouche de sa maîtresse, comme on fait aux enfants, et quand elle entr'ouvrait la bouche, au lieu d'y mettre la fraise, il y mettait un baiser.

— N'est-ce pas que les fraises sont bonnes?

— Prends garde, je vais mordre.

Et autres jeux rustiques comme Daphnis et Chloé.

Tout à coup trois ou quatre coups de fusil retentirent.

— Les Prussiens! dit Angéline.

— Eh bien, tu vas voir comment nous les recevrons! dit Adolphe Ducharme, en s'élançant vers ses hommes.

La Duportail, qui était brave elle aussi, le suivit en courant; mais au lieu de voir tomber un prussien, elle vit tomber un chien.

C'était un chien gris de fer, mi-écossais, mi-caniche, avec les plus beaux yeux du monde.

Ce bâtardé, dont on ne devinait pas bien l'origine, était d'assez haute taille. D'où venait-il? De quelque château voisin mis au pillage par les Prussiens.

Il avait été frappé au flanc, il jetait de grands cris de douleur; mais dès qu'Adolphe Ducharme s'approcha de lui et le caressa, il ne cria plus.

— Pauvre bête! dit Angéline.

Et se tournant vers les Francs-Tireurs :

Voilà donc ce que vous faites de vos cartouches?

— Que voulez-vous, dit Carnaval, on a toujours peur de manquer son prussien. — C'est bien malheureux d'avoir frappé un chien, mais il n'en mourra pas.

Angéline jeta son mouchoir de fine batiste sur la plaie.

— Tu ne veux pas me garder, dit-elle à Adolphe Ducharme, il faut sauver ce chien ; tu le garderas, il te parlera de moi.

— C'est dit ! s'écria Adolphe Ducharme.

Et se tournant vers Carnaval :

— Je te confie cette bête. Cette nuit je porterai moi-même ma gibecière, mais tu porteras le chien.

Carnaval, qui avait joué les hercules dans les foires, répondit qu'il pouvait bien porter la gibecière du capitaine et le chien perdu.

— C'est déjà mon ami, dit-il en le prenant dans ses bras avec douceur, mais il faut le baptiser, capitaine. — Si on l'appelait César ?

— Allons donc, le règne des Césars est fini ; il faut lui donner un nom républicain.

— Eh bien ! Brutus.

— Tu sais donc l'histoire, Carnaval ?

— Quand on a joué la comédie on sait tout.

— Non, pas Brutus, c'est de l'histoire ancienne. Autrefois les parents regardaient dans le calendrier pour baptiser leurs enfants : on les nommait comme le saint du jour. Je ne sais pas le nom du saint d'aujourd'hui — et d'ailleurs il n'y a plus de saints — donnons-lui le nom du mois. Ce chien perdu s'appellera Thermidor !

— Oui, Thermidor, dit Carnaval.

— Thermidor ! Thermidor ! Thermidor !

Tout le monde cria Thermidor. Ainsi fut baptisé le chien perdu.

Le lendemain Angéline Duportail revenait à Paris avec la fièvre politique, elle qui n'avait jamais eu que la fièvre de l'amour.

II.

LUMIÈRE SUR LES TÉNÈBRES.

> Ah! si je savais mon chemin!
> J'avais pourtant laissé tomber sur la route des miettes de mon cœur.
> VIOLETTE.

> C'est l'histoire des *Mille et une Nuits* que l'histoire de cette femme.
> OCTAVE DE PARISIS.

On ne s'attend pas à trouver ici le mot à mot de l'histoire de Mlle Angéline Duportail : son histoire, comme toutes les histoires, se perdait dans la nuit — dans la nuit des nuits. — D'où venait-elle? Que vous importe. Elle avait commencé par vendre des bonbons chez Gouache et chez Achard; mais elle eut peur d'y perdre ses dents. On l'a connue dans les divers mondes de Paris, surtout dans le mauvais; elle a eu ses jours de mode, ne se montrant au Bois et dans les avant-scènes qu'en belle compagnie — je parle des hommes. — De chute en chute, elle s'était élevée jusqu'au luxe des chevaux; mais, à force de s'élever, elle était retombée. Enfin c'était la vie accidentée de toutes ses pareilles. J'ai dit.

Non! je n'ai pas dit. Cette fille était un type, une physionomie, un caractère. Je ne sais pas si elle était née pour le bien, mais elle faisait le mal avec une fort jolie désinvolture. Pour qu'elle fût contente dans sa vie passionnée et passionnante, il fallait qu'elle fît souffrir son monde, elle aimait les larmes — celles des autres. Tous les désastres plaisaient à son âme. Elle comprenait Néron jouant du luth sur Rome incendiée. Mais Héliogabale et Tibère n'étaient pas ses hommes; ce qu'elle aimait, c'était le massacre des sentiments.

Elle n'aurait jamais inscrit sur son calendrier ni les monstres de l'empire romain, ni les guillotineurs de la République française. Mais quel bel éclat de rire quand elle avait trahi un homme et qu'elle le voyait blessé à ses pieds, furieux et suppliant. Tout en croquant ses bonbons, elle avait gardé ses dents, se promettant bien de croquer des fortunes.

Elle n'allait pas de main morte pour faire cette moisson-là, moisson toujours stérile pour elle. Elle nageait trop bien dans le désordre pour jamais aborder au rivage. On l'a vue tour à tour, dans la même saison, en plein luxe et en pleine misère ; ici, nonchalamment couchée dans une victoria traînée par deux magnifiques chevaux anglais ; là, s'accrochant au bras d'un étudiant, dînant au cabaret et se hasardant à la Closerie-des-Lilas. Ce contraste était pour elle une fête de plus ; sa ruine à elle-même surexcitait agréablement ces nerfs et ce cœur maladif. Elle n'avait jamais aimé qu'en passant ; hier et demain n'existaient pas pour elle ; nul souvenir attendri, nulle espérance sentimentale ; elle vivait au jour le jour, à l'heure l'heure ; impérieuse dans sa volonté ; tordant le cou à l'amour comme à une colombe.

Elle ne se retournait sur son chemin, après une aventure, que pour voir si elle était regrettée. Elle avait le grand art de laisser sur ses pas l'enfer de la jalousie ; on courait après elle ; mais sur le point de l'atteindre, elle avait un autre homme à son bras.

Elle joua si bien son jeu qu'un jour de distraction elle décida un baron qui l'adorait à l'épouser bon jeu bon argent.

Il est vrai qu'il n'était pas riche ; mais enfin — il était baron — et elle fut baronne.

Elle voulut entrer de plain-pied dans le faubourg Saint-Germain. Elle s'indigna de voir que toutes les portes lui étaient fermées. Elle eut, du moins, ses entrées dans le monde des femmes tombées. — Un peu plus bas que le monde des filles perdues.

Adolphe Ducharme était toujours son amant de près ou de loin. Quand elle eut mangé les biens du baron, elle demanda sa séparation de corps; mais elle garda son tortil pour mettre sur son papier, comme elle garda le linge couronné et l'argenterie armoriée.

Adolphe Ducharme, qui n'était pas un sentimental, qui ne s'attardait pas dans les mêmes régions amoureuses, qui croyait qu'une femme n'est parfaite que par une autre, fut un jour bien attrapé quand il se sentit dominé comme un enfant par Angéline Duportail.

Elle fit de lui tout ce qu'elle voulut : sans elle peut-être fût-il devenu riche dans ses tentatives financières, quand il travaillait avec l'argent des autres. Mais l'argent des autres passa du côté de la dame ; il ne lui refusa rien : cela lui coûtait si peu.

Elle était alors à sa seconde manière. Comme elle avait joué le rôle de femme du monde, elle prenait des airs de femme rangée. Selon son habitude, elle trahissait Adolphe Ducharme, mais elle lui revenait sans trop se faire prier. C'était son *homme*, comme elle était sa *femme*.

Ils aimaient tous les deux, en amour, les liqueurs fortes.

Ils s'imaginaient, lui et elle, à leur premier souper au Café de Madrid, que c'était « une affaire d'un jour. » Mais ce fut « à la vie à la mort. »

Le poëte a dit : « Quand les mauvaises passions se rencontrent, elles s'enchaînent violemment jusqu'à en mourir. »

Vus du dehors, cet homme et cette femme étaient de beaux amoureux, mais celui qui avait la double vue découvrait bien vite que la beauté du dehors cachait des âmes perdues.

Aussi quand la Duportail s'amusa à devenir baronne, elle garda son amant. Pour lui, il trouva plaisant de cacheter ses lettres à d'autres petites amies avec le cachet armorié de sa maîtresse en titre.

Quand vint la guerre avec la Prusse, Adolphe Ducharme, qui avait encore ses instincts guerriers et qui se voyait déjà à Berlin, organisa une compagnie de francs-tireurs avec une poignée de billets de mille francs donnés à belle main par l'Impératrice. Quelle bonne fortune pour son esprit aventureux : faire la guerre sans se soumettre à la servitude militaire, c'est un jeu et non un devoir. Il ne changeait donc rien à ses habitudes.

Au 4 septembre il revint à Paris, appelé par l'esprit de révolte.

Il ne songeait plus alors à se servir du papier armorié de sa maîtresse. Il cria bien haut : *Vive la République !* Il rappela, comme le font les journalistes, qu'il avait toujours été républicain. Il cita des actions et des dates. Il s'illustra de ses heures de prison. Il parla dans les clubs des droits de l'homme et des droits de la femme.

Angéline Duportail, qui n'avait pas encore d'expérience, jeta son titre aux orties, croyant que c'en était fait à tout jamais des marquises, des comtesses et des baronnes. La tenue, d'ailleurs, l'ennuyait; elle allait donc reprendre sa vie à tous les vents.

Tout le monde, en France, a horreur de la discipline : les femmes comme les soldats. La ci-devant baronne accompagna son amant dans les clubs, vêtue en amazone, quoiqu'elle n'eût pas encore de cheval. Mais elle rencontra Flourens, qui lui donna une cravache à son chiffre et un cheval des écuries impériales.

Le lendemain, elle monta mal, faute d'habitude ; mais les femmes sont capables de tout : le surlendemain elle montait bien. Un peu plus, elle s'engageait au Cirque, trouvant que c'est aussi sérieux que le rempart. Mais le cirque était fermé.

Peu à peu les théories politiques lui brouillèrent la raison ; elle s'imagina qu'elle servait son pays. Quand Adolphe Ducharme fut nommé commandant d'un bataillon de Montmartre, Angéline Duportail l'accompagna au milieu de ses soldats.

Il y a tel bastion où on ne voyait qu'elle ; elle apportait du vin de Champagne, elle brisait avec les gardes nationaux le pain de la nation.

Le 31 octobre, elle avait accompagné Gustave Flourens, Adolphe Ducharme et les autres à l'Hôtel-de-Ville. Seulement, elle était trop bien mise et trop bien peinte pour être confondue avec les tricoteuses et les bas-bleus des clubs.

Deux membres du gouvernement s'imaginèrent qu'elle venait pour les sauver et lui sourirent dans leur pâleur.

Un gamin lui demanda son mouchoir pour essuyer une larme de Jules Favre qui ne pleurait pas.

Elle alla s'asseoir démocratiquement sur la table que Flourens avait prise pour piédestal. Bien des gens se la rappellent encore, belle, enthousiaste, insolente, enfiévrée.

Le 22 janvier, elle vint, avec Ducharme et Sapia, place de l'Hôtel-de-Ville, s'imaginant que les faubourgs descendaient. Elle comprit qu'il n'y avait pas de révolution possible ce jour-là. Elle partit sans pouvoir entraîner Sapia.

Le 18 mars, quoiqu'elle s'indignât de l'assassinat des deux généraux français, elle se jeta dans les sombres folies de la Commune. Elle donnait alors dans les illusions de Flourens comme dans les illusions de son amant. Elle ne voyait pas que Flourens n'était qu'un illuminé de Charenton qui avait fait de Belleville son pays d'élection, qui regrettait d'avoir été bien élevé et qui pour adopter des mégères fuyait sa mère, en adoration devant lui.

Adolphe Ducharme n'était guère moins fou, quoiqu'il restât plus tendre à sa mère.

Voyez plutôt son histoire :

Adolphe Ducharme était né à Orléans, sur la place même où la noble fille de Domrémy enseigne à toutes les générations l'amour de la France.

Si jamais héroïne fut grande au monde, c'est celle-là, parce qu'elle avait eu la foi, le génie de son Dieu et le génie de sa patrie : la foi et la vaillance dans la justice. Voltaire, qui a tant voulu travailler pour l'humanité, a travaillé contre la France ; sait-il aujourd'hui qu'en profanant cette chaste Jeanne d'Arc par toutes les railleries infernales de l'esprit, il a porté une atteinte profonde à la ferveur dans l'amour du pays ? Il a jeté dans les colléges un abominable livre, infiniment spirituel, puisqu'il y a un esprit diabolique comme il y a un esprit divin, — qui a souillé les jeunes imaginations, quand l'âme est encore une page blanche où s'impriment à jamais les premières lectures. Or, Adolphe Ducharme, au lieu d'apprendre à adorer Jeanne d'Arc, se prit à se moquer d'elle ; ce fut le point de départ de toutes ses actions et de tous ses sentiments. Il se moqua de lui-même comme des autres. Il fit bon marché de la meilleure partie de lui-même, mais il n'eut pas le scepticisme des Athéniens; il prit dans les journaux de mauvais aloi l'athéisme grossier qui a flétri tant d'intelligences au xixe siècle.

Et pourtant il avait une mère, une bonne et noble femme, qui ne vivait qu'à moitié pour que rien ne manquât à son instruction. Il avait deux sœurs : la première, Marguerite, une pieuse et belle créature, qui veillait le soir, qui veillait la nuit, pour que son frère eût toujours cent sous dans sa bourse ; la seconde, Diane, figure de pastel, déjeuner de soleil et d'amour, cœur léger, esprit aventureux ; une adorable petite folle, destinée aux grandes équipées.

Le père était mort jeune ; c'était un receveur des hypothèques, qui n'avait rien laissé à hypothéquer dans l'avenir. La mère vivait d'une petite pension de l'État et d'une petite ferme qu'elle avait reçue en dot : six cents francs d'un côté et huit cents francs de l'autre : de quoi ne pas mourir de faim quand on a deux enfants.

Eugène Henryet et Adolphe Ducharme avaient passé ensemble deux années à Saint-Cyr. Adolphe Ducharme dominait son camarade, parce qu'il avait les allures plus martiales. On disait : « En voilà un qui se fera tuer ou qui sera maréchal de France. » Eugène Henryet passait presque inaperçu, quoiqu'il eût l'air plus sérieux, quoiqu'il comprît mieux les rudes devoirs du soldat. C'était l'homme d'Alfred de Vigny : la grandeur d'âme dans la servitude militaire. Mais le monde juge toujours par les dehors.

Ils se retrouvèrent tous les deux au Mexique : Eugène Henryet, rigoureusement soumis à la discipline comme à la loi ; Adolphe Ducharme, courant les aventures en disant que l'héroïsme était dans la liberté d'action. Aussi le signala-t-on dans toutes les escarmouches, jouant sa vie à tout coup, voulant la croix à tout prix.

Jusque-là tout alla bien. Mais un jour de repos, il s'avisa de devenir amoureux. La dame était jolie. Le mal n'eût pas été irréparable, s'il ne se fût attaqué à la femme de son colonel, une jeune Espagnole épousée à Mexico.

La dame avait épousé le colonel avec la plus haute idée des Français ; mais le colonel avait fait trop de campagnes. Quand Adolphe Ducharme la regarda avec ses yeux de lieutenant endiablé, elle comprit que ce n'était pas le colonel qu'il eût fallu épouser. Il était trop tard ; mais il n'est jamais trop tard pour mal faire.

Un jour, Adolphe Ducharme dit au colonel

qu'il partait pour une petite expédition; il revint triomphant, il avait vaincu l'ennemi. L'ennemi, c'était la femme du colonel.

La jolie Mexicaine s'imaginait ne pas avoir commis un bien grand péché, puisque Adolphe Ducharme était du régiment de son mari. Elle ne se contenta pas de son bonheur caché; elle le montra. Elle le montra si bien que le colonel ne put pas douter de son infortune.

Que faire? répudier la femme? Elle était jolie; si elle avait péché ce n'était peut-être pas sa faute. Tuer l'amant sans autre forme de procès, puisque le duel est impossible entre un colonel et un lieutenant, son « subordonné. » Adolphe Ducharme alla continuer la guerre un peu plus loin; mais il fut bientôt rayé des cadres de l'armée française.

Toute son ambition tomba devant l'ambition de l'amour; adieu la croix, adieu les épaulettes, adieu son rêve de maréchal de France.

Il revint à Paris et commença cette existence par quatre chemins qui est la vie des déclassés; on va à tout, on n'arrive à rien.

Il garda dans la vie privée les allures de la vie militaire : moustaches en croc, regard impertinent, accent de bravache, allures cassantes; on sentait toujours avec lui que l'épée n'était pas loin. Il établit son centre d'action au milieu des courtisanes. Il n'avait pas d'argent, mais « il fut aimé ». Il devint le parasite de tous ceux qui se ruinent, sans bien se rendre compte de sa déchéance rapide. Par malheur, cette figure-là est imprimée à bien des exemplaires dans la vie parisienne. C'est un métier que d'être l'ami des femmes. L'avocat se croit-il déshonoré pour avoir donné un bon conseil à un coquin? Adolphe Ducharme trouvait tout simple de piloter ses amies dans quelques hautes aventures; je ne jurerais pas qu'il ne fût un peu leur écrivain public. Mais il relevait cette plume, au moins légère, par quelques bons coups d'épée : c'était tout justement au beau temps des duels de l'an de grâce 1868.

Certes, celui-là devait être l'amant d'une courtisane et soldat de la Commune.

III.

QUAND ON BOIT DEUX DANS LE MÊME VERRE.

> Le ternaire est l'expression suprême de la création : on ne se recherche à *deux* que pour devenir *trois*.
>
> Le père Gratry.

Adolphe Ducharme et Eugène Henryet ne se revirent plus qu'à de longs intervalles. Adolphe trouvait que son ami Eugène avait pris un chemin bien long pour arriver à quelque chose ; il aimait mieux les hasards de la fortune, quelle qu'elle fût, dans les orages de Paris.

Eugène Henryet était toujours ancré dans le devoir. Il avait une vive sympathie pour Mlle Marguerite Ducharme ; si ce n'était pas encore de l'amour, c'était de la dévotion.

Les courtisanes et les femmes adultères inspirent de soudaines passions, parce qu'elles habitent le feu et qu'elles jettent des flammes autour d'elles. Mais les jeunes filles qui s'enveloppent dans la robe blanche de la chasteté ne répandent que le sentiment du devoir; elles ont toujours avec elles deux sentinelles invisibles, la candeur et l'innocence. Quand le jeune saint-cyrien venait voir Mme Ducharme, il s'attardait avec quelque douceur au coin du feu; il lui semblait presque qu'il était en famille. Mais comme son esprit était bien un peu mathématique, il s'efforçait de se détacher des sympathies de son enfance, parce qu'il n'était pas riche et que Mlle Ducharme ne devait pas avoir de dot. Condamner une jeune femme à courir les garnisons sans argent, c'est la condamner à bien des supplices. Il lui semblait, d'ailleurs, que cette virginale et délicate figure ne s'encadrerait pas bien dans le monde militaire. Quand elle lui parlait du cloître, il éprouvait un tressaillement de froid, mais il n'osait trop la détourner. Il ne la voulait pas pour lui : il l'aimait mieux pour Dieu que pour un autre ! L'homme le mieux doué a toujours un peu d'égoïsme au cœur.

Un jour il lui vint un chagrin profond : il perdit sa mère qui habitait Blois. Il demanda un congé pour la pleurer en toute liberté; mais il ne la pleura bien, quand elle fut enterrée, que chez

Mme Ducharme, qui l'avait emmené à Orléans après les funérailles. Ce jour-là, il sentit combien il était de cette famille. De tous ceux qui avaient connu sa mère, il ne retrouvait que deux personnes pour la pleurer, parce que ces deux personnes la pleuraient pour lui.

Le temps emporte tout ; les travaux de l'école, le dirai-je? les distractions, firent oublier peu à peu les morts et les vivants. Eugène Henryet vivait dans un milieu où on ne parle pas de mariage sérieux ; il fut entraîné dans les gaietés parisiennes ; la pauvre fille d'Orléans ne lui apparut bientôt plus que comme un pastel effacé.

Les lettres qu'il écrivait à la mère changèrent de ton. Il faisait pressentir qu'il allait passer dans les hussards et qu'il serait sans doute bien éloigné d'Orléans. En effet, il partit pour le Mexique.

Mlle Marguerite Ducharme se retourna un peu plus encore vers Dieu; quoiqu'en ce temps-là il lui arriva d'une grand'tante sa marraine une petite dot d'une vingtaine de mille francs ; mais elle disait : Ce sera pour ma sœur Diane.

Vint la guerre du Rhin. Eugène Henryet fut de ceux qui défendirent la gloire du drapeau. Mac-Mahon le prit dans son état-major. Prisonnier à

Sedan, il s'échappa, comme les plus heureux, pour tenter encore la fortune sur la Loire. Le lieutenant de hussards fut nommé capitaine d'une compagnie de ligne. A Orléans, il revit Marguerite, alors fort inquiète de son frère, disait-elle, et de lui-même, quoiqu'elle ne le dît pas.

Ils ne se virent, d'ailleurs, qu'un instant. L'heure n'était pas aux sentimentaleries. La France seule était la maîtresse de tous. Plus elle était frappée, plus on l'aimait.

Devant la gravité des événements, il semble que les sentiments s'élèvent plus haut dans le dévouement et dans l'abnégation. Le capitaine Henryet vit Marguerite si triste — et si belle dans sa tristesse — qu'il lui offrit de l'épouser.

Cette parole la ramena à toutes les espérances. Eugène Henryet lui jura qu'il reviendrait pour le mariage dès que la paix serait signée, — s'il revenait de la guerre.

On lui avait offert — c'était le coup de l'étrier — un verre de vin de Vouvray avec un biscuit.

— Eh bien, dit-il à la mère, nous allons boire dans le même verre, nous deux Marguerite : ce sera les fiançailles.

Ils burent dans le même verre. Marguerite fut

émue jusqu'aux larmes; elle rougit, elle pâlit. Ce fut un si doux spectacle que le capitaine sentit ses yeux se mouiller, ce qui amusa beaucoup la jeune sœur, Mlle Diane Ducharme, qui prenait tout en riant, tandis que sa sœur prenait tout au sérieux.

— Et moi, maman, dit-elle avec la malice des jeunes filles les plus ingénues, est-ce que je boirai aussi dans ce verre-là?

— Oui, ma fille, si tu es sage comme ta sœur, dit gravement la mère.

Mlle Diane Ducharme ne devait jamais boire dans le verre des fiançailles. Un communeux dirait : Elle aima mieux casser son verre.

IV.

LA PAROISSE DE L'AMOUR.

> Le diable suivit la belle à l'église.
> Il entra comme chez lui, accompagné de trois péchés mortels.
>
> MÉRIMÉE.

Après les préliminaires de la paix, Mme Ducharme, qui n'avait pas de nouvelles de son fils depuis longtemps, vint avec ses deux filles pour le voir à Paris. Dans la première expansion, Adolphe Ducharme décida sa mère à habiter Paris, en lui représentant que la paix n'étant pas encore bien signée, ses sœurs auraient peut-être à subir une fois de plus le siége d'Orléans ; enfin, qu'ils vivraient tous ensemble dans ce Paris qui, selon son expression, était déjà la Terre promise, quoique pour lui la Terre promise fût la révolution sociale.

Marguerite hasarda le nom de son fiancé.

— Eh bien ! dit Adolphe Ducharme, j'ai des

amis dans le gouvernement ; je ferai nommer ton fiancé capitaine dans l'état-major de Leflô.

Adolphe Ducharme trouva, tout à point, un petit appartement rue Saint-Lazare, dont on acheta, à très-bon compte, le mobilier d'une famille américaine, qui, prévoyant une série de révolutions, aimait mieux s'ennuyer à New-York que de s'ennuyer à Paris.

On fit revenir d'Orléans tous les souvenirs de famille ; on vendit les meubles inutiles. Les trois femmes devinrent ainsi en quelques jours citoyennes de Paris.

Eugène Henryet et Adolphe Ducharme ne s'étaient pas revus depuis les derniers événements.

Mme Ducharme, apprenant que le capitaine était à Versailles, lui écrivit quelques semaines avant le 18 mars.

Il vint la voir. Il retrouva Marguerite plus belle : déjà Paris lui avait donné son rayonnement.

Il croyait qu'il s'était sacrifié un peu en promettant à la jeune fille de l'épouser : il s'estima trop heureux et trop bien payé par tant de charme pénétrant et de vertu familiale.

— Eh bien, mon beau-frère, dit gaiement Diane, — qui ne demandait qu'à prendre sa volée,

— j'espère que vous allez encore boire dans le même verre ?

— Ce n'est pas tous les jours fête, dit gravement le capitaine en baisant la main de Marguerite.

Et en s'adressant à la mère, à Diane et à sa fiancée :

— Il faut venir me voir à Versailles, avec mon camarade Adolphe ; je vous offre à dîner à l'hôtel des Réservoirs.

Marguerite était heureuse ; mais Diane avait ses jours de mélancolie : il n'y avait pas pour elle de capitaine à l'horizon.

Elle se disait tout bas :

— Ma sœur a une dot, moi je n'ai rien.

Mais l'idée de vivre à Paris la consolait de tout.

— Paris ! le spectacle universel, la vie au jour le jour, le roman de toutes les heures, l'imprévu de tous les matins ! Et puis, si Marguerite était belle, Diane n'était-elle pas jolie ? Elle n'avait pas, comme sa sœur, le beau dessin du profil ; mais sa physionomie n'était-elle pas plus vivante ? Si Marguerite prenait l'âme, Diane ne prenait-elle pas l'esprit ?

Ce fut alors qu'on fit la connaissance de Thermidor. On s'était imaginé que son maître viendrait tous les jours dîner avec sa mère et ses sœurs ; on s'aperçut bientôt qu'il était affolé de politique : il était déjà membre du Comité central, il jouait avec les canons de Montmartre comme les enfants jouent avec des soldats de plomb.

Mme Ducharme lui disait :

— Tu nous as fait venir à Paris, tout y est hors de prix.

— Va toujours, répondait-il à sa mère en l'embrassant; bientôt tu seras riche; laisse-moi faire.

Mme Ducharme ne supposait pas que son fils fît de la fausse monnaie ; mais elle avait quelque inquiétude sur les allées et venues mystérieuses de ce grand diable qui, n'ayant pas de revenu, n'avait d'autres moyens d'existence que son sabre. Elle voyait bien qu'il dépensait beaucoup plus que sa solde; mais les mères sont toujours confiantes et se laissent prendre à tous les mensonges de leur fils.

On avait, à Orléans, l'habitude du travail; Mme Ducharme obligea Marguerite et Diane à reprendre leur aiguille.

Une dame d'Orléans, qui habitait l'hiver la rue de la Pépinière, leur donna à faire quelques broderies.

Marguerite s'occupa de sa robe de mariée ; — ce qui jetait un peu d'ombre dans l'âme de Diane.

— Pourquoi y a-t-il des dots? dit Diane un jour à son frère en babillant avec lui à la fenêtre.

— Tu as bien raison, dit Adolphe Ducharme; c'est encore une sottise du vieux monde ; mais sois tranquille, bientôt les femmes n'achèteront plus de maris avec leur dot : nous supprimerons tout cela.

Quelques jours après, Diane allait rue de la Pépinière porter des broderies. C'était la première fois qu'elle sortait seule. Le trajet était court ; mais le chemin est toujours trop long pour la vertu.

A peine dans la rue, Diane vit un jeune homme qui s'arrêtait devant elle, comme s'il fût émerveillé.

C'était le comte Albert de Volnay.

— Qu'elle est jolie ! dit-il.

Il eût dit cela à la première drôlesse venue; mais comme Diane ne connaissait pas les mœurs parisiennes, elle s'imagina que c'était le cri forcé de l'admiration. Les filles de seize ans, quelle que soit leur malice originelle, tombent toujours dans les embûches les plus grossières.

Lui aussi, comme Adolphe Ducharme, avait fait la guerre ; mais comme il n'était pas du Comité central, il avait repris ses habitudes du monde; et pour changer, il faisait la guerre aux femmes.

Il passa et se retourna. Diane se retourna aussi.

Il salua par un sourire et un léger signe de tête. Elle rougit et marcha plus vite.

Pour lui, il rebroussa chemin ; mais il vit bien qu'il s'était trompé : je ne sais quel parfum d'innocence provinciale s'était répandu autour de la jeune fille.

— Elle est bien jolie, dit-il encore, mais ce n'est pas pour moi !

Il s'éloigna sans retourner la tête une seconde fois, se rappelant d'ailleurs le proverbe : « Une femme qui s'est retournée pour vous ne se détourne jamais de votre chemin. »

C'était un vendredi. Vint le dimanche. Le comte de Volnay n'était pas un très-bon catholique; mais il allait toujours à la messe. Rien n'est plus favorable que l'église aux aspirations du cœur; pour les profanes, l'église c'est l'amour; si ce n'est l'amour de Dieu, c'est l'amour du prochain : M. de Volnay pratiquait celui-là.

Il y a de très-jolies Parisiennes à la Trinité, à Saint-Augustin, à Saint-Philippe, qui ne vont à l'église que pour se frapper le cœur et dire : « C'est ma faute ! » et qui, une fois hors de l'église, pèchent de plus belle comme si de rien n'était. M. de Volnay se mettait dans le coin des femmes, admirant leur désinvolture quand elles s'agenouillent. Alors c'était un croyant.

Il ne fut pas peu surpris quand il reconnut parmi les fidèles, sinon parmi les pénitentes, celle qu'il avait admirée, l'avant-veille, rue de la Pépinière.

Diane était avec sa sœur et sa mère.

Elle le reconnut aussi. Comme elle avait pensé à lui, elle fut heureuse de le retrouver dans la maison de Dieu. Cela prouvait qu'il était un homme sérieux ; elle pouvait s'abandonner sans remords à la sympathie qu'il lui inspirait.

On se regarda — un peu — beaucoup — un peu plus on se regardait passionnément.

A la sortie de l'église on se vit encore ; on promit de se revoir, par ce télégraphe, électrique s'il en fut, qui s'appelle le regard.

Ce jour-là, Adolphe Ducharme vint déjeuner chez sa mère. Diane lui dit en l'embrassant :

— Oh! que je suis heureuse d'être venue à Paris.

C'en était fait, la pauvre fille était conquise à M. de Volnay.

Cette fois, M. de Volnay l'avait suivie à distance respectueuse, à cause de sa sœur et de sa mère ; il savait donc où elle demeurait. Voilà pourquoi le lendemain elle reçut ce petit billet ambré, sur papier parchemin, avec des armoiries surmontées d'une couronne de comte :

Vous seriez bien mauvaise catholique, mademoiselle, si vous n'alliez à la messe tous les matins.

UN DE VOS FIDÈLES.

Point de signature. Le billet avait été remis par la portière, adoucie de vingt francs pour bien faire le message. Les portières ne sont agréables que si on leur est utile.

Comment Mlle Diane Ducharme ne fût-elle pas retournée à l'église, puisqu'elle était bonne catholique et qu'elle voulait faire son salut ?

Naturellement, elle y rencontra le comte de Volnay. L'église, telle qu'on la pratique aujourd'hui dans le beau monde, c'est un salon. Dieu ne présente pas les paroissiens aux paroissiennes ;

mais quand on sort de chez Dieu, on se connaît; on a vécu dans les mêmes aspirations, on ne craint pas d'être en mauvaise compagnie; voilà pourquoi Diane Ducharme ne fit pas tant de façons pour écouter les sermons du comte de Volnay.

C'était sans doute un fier prédicateur, puisqu'elle fut soudainement soumise à son éloquence. Que lui dit-il?

Oh! mon Dieu, ce fut bien simple. Il lui dit qu'elle avait de trop jolis pieds pour ne pas avoir deux chevaux. Selon lui, ce n'était pas la destinée qui faisait la fortune, c'était la beauté. Elle était belle, donc elle avait droit à toutes les efflorescences du luxe, à toutes les luxuriances de la vie.

Sous la Commune, toutes les idées du bien et du mal étaient brouillées comme des œufs aux truffes relevés de piment. On croyait à tout, parce qu'on ne croyait plus à rien. Après trois ou quatre rencontres au sortir de la messe, Diane fut convaincue.

Le démon qui perdit Ève et Marguerite avait mordu son cœur; la soif de l'orgueil avait mordu ses lèvres. Puisqu'elle ne pouvait pas épouser un capitaine, elle serait la maîtresse d'un grand seigneur. L'exemple de son frère avait porté coup;

elle l'avait vu passer à cheval avec l'Amazone dans je ne sais quel rayonnement de bonheur et de fierté. Elle s'était écriée :

— Et moi aussi je veux vivre gaiement!

Elle avait d'un seul coup foulé aux pieds toutes les vertus, toutes les pudeurs, toutes les dignités de la famille. Prenez garde aux filles de seize ans.

Un matin qu'elle était allée, seule encore, à la messe, elle ne revint pas à l'heure accoutumée. Quand on se mit à table pour déjeuner, la mère reçut une petite lettre, naïvement tortueuse, où Diane disait qu'elle voulait se donner à Dieu et qu'elle allait passer huit jours au couvent.

Traduction en langue vulgaire : « Je me donne au diable. »

Grande fut la douleur de la mère, grand fut le chagrin de la sœur, grande fut la colère d'Adolphe Ducharme.

Ce jour-là le colonel des fédérés se jura qu'il se vengerait de Dieu.

On apprit bientôt toute l'histoire. Dès ce moment, le colonel des fédérés déclara qu'il se vengerait par la peine du talion, si le comte de Volnay avait une sœur.

Le comte de Volnay avait une sœur.

V.

LA ROBE DE LAINE ET LA ROBE DE SOIE.

> Le chien, qui a été l'ami d'Homère, a sa place dans l'histoire du monde, parce que c'est l'ami des jours de misère et qu'il est par dévouement le prophète du malheur.
>
> DIDEROT.

Le capitaine Henryet dînait avec ses amis à l'hôtel des Réservoirs.

Ses amis, c'étaient Henri de Cadoudal, Auguste de Belleyme, Napoléon Ney, Antoine d'Ezpeleta.

On avait dîné gaiement devant la belle glycine en fleurs, plantée par Mme de Pompadour elle-même, car on sait que l'hôtel des Réservoirs était l'hôtel de Mme de Pompadour. Elle y règne encore par son buste, un chef-d'œuvre d'Allegrain, qui orne la cheminée du petit salon, où l'on admire aussi deux dessus de porte d'Eisen; tel peintre, tel sculpteur, deux mains libertines qui pétrissaient la couleur et le brio, la volupté et l'endiablement des maîtres du xviiie siècle.

C'était le 17 mai.

On avait eu beaucoup d'esprit à table ; Henri de Cadoudal avait peut-être un peu abusé de cette belle impertinence à deux tranchants, qui lui fait croire qu'il est toujours sur un champ de bataille.

Il était en bonne compagnie pour ferrailler avec le paradoxe.

Ezpeleta, qui passait un jour à Paris et un jour à Versailles, peignait les deux villes avec la fine moquerie d'un Athénien qui n'a pas peur de Sparte ; les deux autres convives croisaient vaillamment le fer avec lui. Sainte-Beuve disait en admirant les paresseux : « Comme ils sont heureux, ces hommes d'esprit au repos ! Pour moi, j'ai beau faire, quand je m'éveille, mon épée est hors du fourreau et j'oublie presque toujours de rengainer avant de m'endormir. » Or, à la table en question on ne rengainait pas ; l'esprit gaulois, l'esprit français, l'esprit attique, courait sur la nappe tout enivrée de vin de Champagne. La patrie était en deuil, on ne buvait guère de vin de Champagne aux Réservoirs, parce que c'est un vin gai ; mais le capitaine Henryet, qui pressentait la grande bataille avec Paris, avait voulu dire adieu à ses amis par un dîner au vin de Champagne.

— Tu as le vin triste, lui dit tout à coup Henri de Cadoudal.

— Je suis comme dans un rêve, répondit Henryet. Si j'allais me réveiller demain ou après-demain dans l'autre monde, et en mauvaise compagnie, avec ces fédérés qui cuveront leur vin bleu pendant toute l'éternité.

— Ne crains rien, dit Auguste de Belleyme, les gens qui ont encore quelque chose à faire ici-bas ne meurent pas en route, même dans la plus horrible bataille.

Et prenant une coupe, il but à la santé de son ami.

— J'en accepte l'augure, comme disent ces dames, reprit Eugène Henryet en levant sa coupe avec une grâce charmante.

— Regarde plutôt Cadoudal, dit Antonio, en voilà un qui a bravé la mort ! à peu près cinquante duels, qui lui ont bien valu vingt-cinq blessures.

— Regarde plutôt Antonio, dit Cadoudal, il est encore plus fort que moi, puisque personne n'ose se mesurer avec lui ; en voilà un qui joue avec des couteaux d'or, sans avoir peur du sang.

— Vous imaginez-vous donc que j'ai peur? dit Eugène Henryet, en prenant l'attitude d'un homme qui brave tout; personne n'a peur ici; Ney et Belleyme sont revenus du pays de la mort, ils y retourneront sans sourciller. Mais, encore une fois, j'aime la bonne compagnie et je pense avec effroi qu'on m'enterrera peut-être avec tous ces héros de carton qui sont l'orgueil de la Commune.

— Allons donc! s'écria Ney, la terre les rejetterait avec horreur ; mais, après tout, il ne faut pas trop t'indigner : Jésus-Christ n'a-t-il pas été crucifié entre deux larrons? Ce ne sont pas eux qui sont ressuscités.

Henryet remercia son ami de la comparaison.

Le caractère français ne se laisse jamais abattre; quand l'homme est vaincu, l'esprit est encore triomphant, parce que l'esprit est toujours au-dessus des événements. Ceux qui sont braves savent d'ailleurs qu'ils prendront leur revanche. On pouvait supposer que les Parisiens, à Versailles, se couvraient le front de cendres. Ils vivaient gaiement — comme dans une ville d'eaux — sans trop de souci de l'orage; ils savaient que l'orage passerait, prenant la vie des uns, la fortune des autres; mais ils se résignaient à tout avec le sourire parisien et le fatalisme oriental, qui est bien un peu aujourd'hui la religion occidentale.

Pendant que les cinq amis se mettaient à table, apportant chacun une nouvelle de la journée, une jeune fille, blonde, pâle, triste, tenant un chien en laisse, passa devant la grille et regarda le capitaine Henryet comme si ses beaux yeux lui voulaient parler.

C'était sa fiancée, Mlle Marguerite Ducharme. Mais il regardait de l'autre côté.

Il y avait dans la grande salle de l'hôtel quelques dames — plus ou moins légères — qui s'étaient repliées à Versailles par effroi ou par haine de la Commune; quelques autres, qui avaient pris pied à Saint-Germain, étaient venues dîner ce jour-là avec leurs amies; tout le monde les regardait; le capitaine les regardait comme tout le monde. Voilà pourquoi il ne vit point passer la jeune fille.

Il faut dire que, parmi ces dames, il en était une fort jeune qu'il avait connue dans un tout autre monde.

— Diane Ducharme ! dit-il tristement en se parlant à lui-même.

C'était la sœur cadette de celle qui venait de passer.

A première vue, on jugeait que la sœur aînée n'appartenait pas à ce monde toujours condamné et toujours pardonné. Elle était vêtue « décemment, » selon l'expression consacrée. Elle n'avait aucun de ces « grains de beauté, » points noirs, rubans, bijoux, dont les coquettes ou les coquines se parent pour frapper l'œil. Ce sont les rehauts de couleur des peintres qui ne veulent que frapper l'œil.

Marguerite Ducharme portait une robe de laine noire, avec un pardessus de velours fané qui détonnait par la belle saison. Elle était bien chaussée, mais sans haut talon; un joli pied qui n'ose s'afficher. Ses gants de Suède n'avaient pas été pris le matin chez la marchande. Elle balançait d'une main une petite ombrelle feuille-morte; elle tenait de l'autre main un petit bouquet de marguerites cueilli dans le parc.

Sans doute elle en avait effeuillé plus d'une.

— Une bien jolie fille, dit un des convives.

Le capitaine Henryet se retourna, mais il était trop tard. Marguerite avait dépassé l'hôtel des Réservoirs.

— As-tu remarqué son chien? dit Antonio; telle femme, tel chien. Un vrai chien pour accompagner la vertu, comme il y a des chiens pour accompagner le vice.

— Ne jetons pas la pierre dans le jardin du prochain, dit Henri de Cadoudal ; il ne faut pas regarder à deux fois pour juger que cette jeune fille est née pour la famille ; ne la détournons pas de sa destinée, — ni son chien non plus.

Et, à peu près comme Félix disait dans les *Filles de marbre* : « Place aux honnêtes femmes ! » le rude soldat dit à ses amis :

— Laissons passer les mères de famille ; puisqu'il faut faire beaucoup d'enfants pour prendre notre revanche.

Antonio rappela que la jeune fille au chien avait regardé Eugène Henryet avec des yeux adorables.

— Des yeux qui sont des caresses, dit-il pour bien exprimer la douceur amoureuse des regards de l'inconnue.

L'ordonnance du capitaine lui apporta une lettre.

— Adieu, mes amis, dit-il après avoir lu la lettre. Je n'ai plus que le temps de vous serrer la main. Le colonel Davoust est reparti. Dans une heure je serai au château de Bécon. Nous ne nous reverrons qu'à Paris.

— Décidément, est-ce que tu as peur ? lui dit Cadoudal ; tu as pâli, ta main tremble.

Eugène Henryet était très-ému.

Une douce expression avait animé la figure un peu grave du capitaine Henryet ; il regardait la seconde lettre avec des yeux amoureux.

— Pardieu ! j'ai deviné, dit d'Ezpeleta ; vous ne voyez donc pas que c'est une lettre d'amour.

— Chut ! dit le capitaine, ne parlons pas d'amour ici.

— Pourquoi ne lis-tu pas ta lettre tout haut ?

— C'est parce qu'elle n'a pas été écrite par une de ces demoiselles qui sont par là.

Le capitaine jetait un coup d'œil rapide sur une petite écriture hiéroglyphique.

— C'est si pur, messieurs, que ce serait de l'hébreu pour ces demoiselles, reprit Antonio, Henryet n'est pas un homme de la décadence, il s'attaque aux rosières.

Voici ce que Henryet venait de lire :

« *Mon ami, je vous attends devant la statue de Louit XIV.*

» MARGUERITE. »

Le capitaine ne voulut pas sans doute se faire attendre longtemps, car il s'éloigna en toute hâte sur les pas de la messagère, qui semblait attendre une réponse à une distance respectueuse.

— Pourquoi êtes-vous venue ici, Marianne? demanda Eugène Henryet à cette femme, en franchissant le seuil du parterre.

— Je suis ici parce qu'ils m'ont pris mon homme, répondit-elle avec un éclair de fureur dans les yeux.

— Votre homme, vous êtes donc mariée?

— Non, mais ce n'est pas le mariage qui fait l'amour.

— Et qui vous a pris votre homme, Marianne?

— Les Versaillais!

— Il se battait donc contre nous?

— Vous vous battez bien contre nous.

On arrivait à la grille de la cour d'honneur.

— C'est bien, c'est bien, dit le capitaine, ne parlons pas politique. Et vous êtes venue ici pour le voir?

— Oui, mais je ne l'ai pas vu.

— Qu'est-ce que c'est que votre homme?

— C'est l'armurier de son bataillon; on l'a pris au fort d'Issy. Il m'a écrit un mot; voilà tout ce que je sais.

— Est-ce que c'est pour cela que Marguerite est venue avec vous ?

— Pouvez-vous me faire cette question ! Vous savez bien que Mlle Marguerite n'est venue que pour vous voir. Elle a dit à sa mère qu'elle venait pour moi ; mais il n'y avait pas un mot de vrai.

— Et le frère de Marguerite ?

— C'est toujours un bon colonel ; si vous le rencontrez sur une barricade, n'allez pas le tuer, ni vous faire tuer par lui ; ce ne serait pas là un beau parafe pour votre contrat de mariage. Voyez-vous, monsieur Henryet, mon opinion, à moi, est que vous auriez mieux fait d'abandonner les Versaillais pour les Parisiens : on vous aurait nommé général du premier coup ; or, si la Commune avait le général Henryet et le colonel Ducharme, je crois qu'elle viendrait bientôt à Versailles jeter par les fenêtres tous ces ruraux qui veulent assassiner la République.

— Chut ! dit le capitaine ; vous êtes folle, Marianne ; ce n'est pas avec ces idées-là que vous obtiendrez la grâce de votre homme.

— Eh bien, je mourrai avec lui.

Marianne prononça ces mots comme un serment, sans forfanterie et sans colère.

Eugène Henryet la regarda et murmura :

— C'est ainsi qu'ils ont les femmes pour eux.

En ce moment une jeune fille, appuyée contre le piédestal de la statue de Louis XIV, se détacha de la pierre et vint à la rencontre du capitaine.

Elle tenait en laisse un chien gris de fer, yeux de feu, mi-écossais et mi-caniche, intelligent comme la lumière, un brave homme de chien à qui il ne manquait que la parole.

Il bondit gaiement comme s'il retrouvait son maître.

Vous avez reconnu le chien d'Adolphe Ducharme — ce chien perdu — baptisé Thermidor dans une montagne des Vosges.

— Thermidor, soyez sage, dit Marguerite en caressant le chien.

C'était bien plutôt pour cacher une rougeur subite que pour caresser le chien.

Thermidor, qui n'avait pas d'opinions avancées, caressa le capitaine comme pour obéir aux battements de cœur de Marguerite.

Le capitaine avait serré la main de la jeune fille.

— Bonsoir, Marguerite ; je suis bien heureux de vous voir ici, mais je suis bien malheureux de vous quitter.

Un soupir et un silence.

— Dieu sait, reprit-il, où nous nous retrouverons! car je crois bien qu'on va attaquer Paris. Pourquoi votre mère n'est-elle pas venue avec vous? vous seriez restée à Versailles pendant cette horrible bataille.

— Oh non! dit Marguerite.

Elle voulut dire : — Mon frère est à Paris,—elle n'en eut pas le courage.

Mais sa cuisinière parla pour elle.

— Au milieu de nos amis! dit Marianne.

Le capitaine ne put réprimer un mouvement d'impatience.

— Cette fille est folle!

— Ah! c'est qu'il ne faut pas vous imaginer que vous allez entrer dans Paris comme chez vous; on se défendra jusqu'au dernier, jusqu'à la dernière!

Elle appuya énergiquement sur ce mot.

— Ma pauvre Marguerite! dit Henryet, nous vivons tous sur un volcan; espérons que Paris ne va pas devenir une Pompéi. On dit qu'ils veulent brûler toutes les églises; mais ce sera l'histoire de l'église de Saint-Cloud, qui a survécu à toutes les ruines. Il en restera plus d'une à Paris pour notre mariage.

Le capitaine disait cela gentiment, comme un amoureux convaincu qui veut consoler sa fiancée.

— Je suis épouvantée, dit Marguerite en le regardant avec amour. J'ai eu beau me jeter aux pieds de mon frère, je n'ai pu l'arracher à sa folie; j'en mourrai de chagrin.

— Vous n'en mourrez pas, Marguerite; votre frère finira par s'éclipser, comme beaucoup de ces messieurs, quand il verra l'héroïsme de ses soldats, un troupeau d'ivrognes qui se fait conduire à l'abattoir.

— Oh non; je vous jure que sa légion est la meilleure; il a des bataillons de Montmartre, de Ménilmontant et de Montrouge. Ceux-là se feront tuer pour la Commune.

— Allons donc! On se fait tuer pour la France et pour Dieu; on ne se fait pas tuer pour des...

Marguerite mit doucement la main sur la bouche du capitaine pour qu'il n'injuriât pas son frère.

Thermidor lui-même semblait comprendre, car il grogna tout en léchant la main d'Eugène Henryet.

Le capitaine regardait Marguerite avec une expression profonde d'amour et de tristesse.

— Vous avez raison, Marguerite, reprit-il en lui baisant la main ; faisons gravement et bravement notre devoir, subissons la fatalité et croyons à l'avenir.

Et comme le capitaine regardait toujours la jeune fille, il ajouta :

— Que vous êtes belle, Marguerite !

Marguerite était blanche et bleue, si on peut dire ; son frère l'avait surnommée la Lune. Et, en effet, c'était une beauté crépusculaire : des beaux yeux noyés et vagues, des cheveux brunissants qui n'étaient ni blonds ni noirs ; un profil charmant sans que les lignes fussent prononcées ; tout, dans cette figure, était fuyant, doux, perdu. Elle parlait souvent d'entrer en religion ; en la regardant, on n'osait la contrarier, tant elle semblait faite pour le ciel. Si on lui parlait mariage, elle disait : « Non, je suis une petite marguerite, on me foulerait aux pieds. » Elle sentait qu'elle ne survivrait pas, dans sa délicatesse, à la première brutalité morale.

Marguerite leva vers le capitaine sa main pleine de marguerites.

— Tenez, lui dit-elle, voici des marguerites que j'ai cueillies dans le parc, devant la statue de

Diane : je ne sais pas si elles vous diront que je vous aime, mais elles m'ont dit à moi que vous ne m'aimiez pas du tout.

Eugène Henryet prit les fleurs comme s'il eût pris un scapulaire.

— Je les mets là, sur mon cœur ; ce sera ma cuirasse.

— Je n'ai pas peur pour vous, dit Marguerite ; Dieu vous protége ; mais j'ai peur pour mon frère, depuis que ses hommes ont profané les églises. D'ailleurs, je me rappelle un mot de mon père : « Cet enfant-là finira mal. »

— Je ne veux pas accuser votre frère ; mais s'il finit comme il a commencé, il finira mal ; et pourtant, ç'a été un brave cœur ; tous ses égarements ne m'empêchent pas de l'aimer.

— Alors, vous me jurez que si vous le rencontrez aux portes de Paris, vous lui ferez grâce ?

— Je vous le jure ! dit le capitaine sans se faire prier. Ce n'était pas la peine de me demander cela. Et lui, s'il peut frapper le premier, croyez-vous qu'il me fera grâce ?

— Je n'en réponds pas. Vous, c'est par devoir que vous vous battez ; lui, c'est par fanatisme.

La cuisinière, qui s'était éloignée, revint vers les amoureux.

— Mademoiselle Marguerite, dit-elle à mi-voix, le cocher s'impatiente ; il dit que si vous le faites attendre encore cinq minutes, il ne veut plus se mettre en route aujourd'hui ; songez qu'il nous a pris quarante francs : il nous prendrait encore quarante francs demain.

— Oh ! je ne veux pas passer la nuit à Versailles, dit Marguerite avec inquiétude ; ma mère en aurait la fièvre ; partons, partons. Adieu !

— Comment ! vous allez partir à cette heure !

— Oui, oui, je n'ai pas peur; j'ai un laisser-passer pour les troupes de Versailles et un laisser-passer pour celles de Paris. D'ailleurs, nous nous arrêterons pour cette nuit à la porte des Ternes, où ma mère m'attend chez une amie, où j'espère revoir encore mon frère. Et puis n'ai-je pas Thermidor avec moi !

— Je ne vous connaissais pas cette bête.

Marguerite caressa Thermidor.

— C'est le chien d'Adolphe ; il nous l'a laissé hier. Il est vrai que c'est un chien fidèle à lui et non à moi ; car si je ne le tenais pas en laisse, il courrait quatre à quatre pour retrouver son maître.

— Alors, c'est un soldat de la Commune, ce chien ?

— Une singulière bête : il aime encore mieux être tout seul, rue des Abbesses, à Montmartre, dans l'appartement de mon frère, que rue Saint-Lazare avec ma mère et moi.

— Allons, Thermidor, en route !

— Encore une minute !

Le capitaine regardait doucement et tristement Marguerite.

— Si j'allais ne plus vous revoir ! dit-il.

— Ne me dites pas cela !

La cuisinière prit la parole :

— Allons, mademoiselle, ayons du courage toutes les deux. Je suis bien plus malheureuse que vous.

— Non, dit Marguerite, puisque celui que vous aimez est sain et sauf; on ne fera pas grand mal aux prisonniers; les Versaillais ne sont pas si méchants qu'on le dit à Paris.

— Enfin, s'écria Marianne, j'ai pu lui faire remettre de l'argent et du tabac, avec une lettre.

— Une lettre bien tendre, dit tout bas Marguerite à Henryet; c'est moi qui l'ai écrite.

Mlle Marguerite Ducharme se promena encore un instant appuyée au bras du capitaine.

— Et votre sœur, lui dit-il d'un air discret, l'avez-vous revue?

— Non. Elle n'écrit plus depuis que maman m'a défendu de répondre à ses lettres.

— Eh bien, je puis vous en donner des nouvelles : elle est à Versailles.

Marguerite s'arrêta tout court.

— A Versailles!

— Oui, Diane est à Versailles, en étrange compagnie.

Marguerite se pencha vers le capitaine pour mieux entendre.

— Tout à l'heure, quand vous avez passé devant l'hôtel des Réservoirs, si je ne vous ai pas vue, c'est parce que je regardais votre sœur.

— Oh! si je pouvais la voir !

— C'est impossible ; votre mère ne vous pardonnerait pas de voir votre sœur avec des comédiennes. Elles sont là-bas six qui oublient gaiement les misères de la guerre civile. Elle est d'ailleurs bien jolie, cette petite Diane; aussi jolie que vous êtes belle.

— Je ne serai plus longtemps belle, s'il me faut ainsi pleurer mon frère et ma sœur.

— C'est mon ami, le comte de Volnay, qui l'a enlevée.

— Je ne sais pas. Je ne veux rien savoir. Ma mère a repris ses robes de deuil ; moi je suis tout en noir.

— Voilà ce que c'est ! s'écria la cuisinière. On porte le deuil d'une fille perdue ; mais est-ce que c'est sa faute, la pauvre petite Diane ? D'ailleurs, si elle est perdue, on la retrouvera.

En tout autre temps on n'eût permis une pareille familiarité à sa cuisinière, mais en ces jours maudits on n'y regardait pas de si près.

— Mais pourquoi Diane est-elle venue à Versailles ? demanda Marguerite à Henryet. Je la croyais à Paris avec ce M. de Volnay.

— Elle y retournera demain avec une de ces dames, qui a laissé ses bijoux à Paris, et qui ira les déterrer dans le jardin de son petit hôtel.

— Vous savez que M. de Volnay est gardé à vue, par les hommes de Raoul Rigault, qui, sur la prière de mon frère, a promis de le prendre en otage ?

— Que me dites-vous là !

— Oui, mon frère a juré qu'il nous vengerait de cet affront. C'est bien un peu pour cela qu'Adolphe s'est jeté dans la révolution du 18 mars.

— C'est bien plutôt parce qu'il connaissait Gustave Flourens et Félix Pyat.

— Non, non ; sa vraie politique c'est la vengeance. Seulement, il veut que le comte paye pour la société et que la société paye pour le comte. Il a une théorie toute faite là-dessus. Il veut même aller plus loin dans sa vengeance; mais je ne veux plus rien dire.

Le capitaine pria Marguerite de parler.

— Non, dit-elle, je ne veux pas trahir mon frère.

Le capitaine supplia la jeune fille.

— Eh bien, puisque je ne puis vous rien cacher, sachez donc que mon frère...

Les mots ne pouvaient se former sur les lèvres de Marguerite.

— Mon frère... a pris hier dans un couvent une jeune fille de seize ans... Il l'a enfermée je ne sais où...

— Parlez ! parlez !

— C'est la sœur du comte. Vous la connaissez

bien, puisque vous deviez l'épouser, puisqu'on m'a dit que vous l'épouserez peut-être.

Le capitaine avait tressailli d'indignation. Il voulut éclater, il se contint.

— Non, Marguerite; puisque je vous aime, je n'épouserai pas Blanche.

La cuisinière s'était encore rapprochée.

— Peut-être pas si blanche que cela, dit-elle, comme si elle avait sa part de la vengeance.

— Mais la Duportail! la maîtresse de votre frère? dit le capitaine sans vouloir écouter la cuisinière.

— Par malheur, mon frère l'adore; on l'appelle maintenant l'Amazone. Elle est tour à tour aide de camp de Dombrowski et aide de camp de mon frère.

La cuisinière avait entendu.

— A la bonne heure, s'écria-t-elle; voilà une femme! et belle, et brave, et généreuse! S'il y en avait quatre comme cela aux quatre coins de Paris, il faudrait moins de canons. On a déjà parlé d'elle, mais on en parlera fièrement ces jours-ci.

— A Saint-Lazare! dit Eugène Henryet.

— Il n'y a plus de prisons pour les femmes.

Sachez bien que sous la Commune, on a affranchi les filles.

Marguerite n'écoutait pas, toute au chagrin de quitter le capitaine.

On était arrivé à la rue de l'Amirauté, où attendait la voiture.

C'était une victoria à quatre places; Thermidor avait sauté à côté de Marguerite et Marianne s'était mise en face.

On se dit adieu encore une fois, avec toute l'expansion de deux cœurs ardents.

Le capitaine regarda s'éloigner la voiture. Marguerite s'était retournée pour le voir encore.

Thermidor s'était retourné aussi. Dans l'éloignement, l'uniforme du capitaine lui rappelait-il son maître? Il se mit à hurler sourdement à trois reprises.

Ces hurlements vinrent retentir dans le cœur d'Eugène Henryet.

— A qui ce chien annonce-t-il un malheur? se demanda-t-il.

VI.

OU L'ON VOIT APPARAITRE LE CITOYEN CARNAVAL.

> Ah! ça ira, ça ira!
> Les *Versailleux* à la lanterne.
> Ah! ça ira, ça ira!
> Les *Versailleux*, on les pendra!
> LES CANTINIÈRES DE LA COMMUNE.

Quand le capitaine Henryet repassa devant l'hôtel des Réservoirs, il vit que ses amis étaient toujours devant la glycine en fleurs. Ils s'étaient bien vite consolés de son départ, en appelant à leur table, pour prendre le café, les comédiennes qui étaient dans le grand salon. Ce n'était plus le cliquetis des coupes à vin de Champagne; le tapage de la causerie s'était accentué par l'éclat des voix féminines.

Le capitaine salua le groupe à travers la grille.

M. de Cadoudal le menaça de l'enlever par-dessus les barreaux s'il ne voulait faire le tour pour revenir boire le coup de l'étrier : un infiniment petit verre de fine Champagne.

— Voyons, mon cher Henryet, nous allons tous monter à l'assaut, demain peut-être ; mais aujourd'hui nous ne sommes pas des trappistes.

Eugène Henryet regarda à sa montre : il lui restait trois à quatre minutes à donner à ses amis. Il retourna à la table, bien résolu de ne pas se mettre au diapason de cette gaieté parisienne hors Paris. Il était deux fois triste : — triste de la tristesse de Marguerite, — et triste de la joie de Diane.

Il alla s'asseoir à côté de cette jeune affolée.

— Quoi ! lui dit-il à demi-voix d'un air de fraternel reproche, vous, au milieu de toutes ces folles ! Elles sont dans leur droit, parce qu'elles jouent la comédie et que tout théâtre leur est bon ; mais vous !

Diane eut l'air toute surprise de ce sermon.

— Moi ? dit-elle ; vous voulez donc me condamner aux travaux forcés de l'aiguille au coin du feu ? Ce n'est pas ma destinée, Dieu merci !

— Voilà un Dieu merci ! bien placé. L'exemple de votre sœur ne vous a donc pas touchée ?

— Ma sœur ! C'est une autre histoire ; sa marraine lui a fait une dot, elle doit vous épouser, elle sera heureuse ; tandis que moi, la petite Cendrillon, je mourrais d'ennui à raccommoder les hardes de la famille...

— Ainsi, vous êtes ici comme chez vous, sans jeter un regret en arrière ?

— Ne dirait-on pas que je suis dans l'âge du repentir ! Songez donc que j'ai seize ans et demi, pas une minute de plus.

Un nouveau venu vint s'asseoir de l'autre côté de Diane. C'était le comte de Volnay.

Il donna une poignée de main à tout le monde, car il n'avait là que des amis et des amies. Quand vint le tour du capitaine, il tendit sa main dans le vide.

— Qu'as-tu donc ? dit-il à Henryet.

— Je n'ai rien, répondit le capitaine, sinon que je ne donne la main qu'à mes amis.

Il prit le bras de Cadoudal et le pria de l'accompagner jusqu'à sa voiture.

Une victoria l'attendait au coin de la rue de la Paroisse ; il y monta en toute hâte et dit au cocher qu'il fallait arriver en une heure au château de Bécon.

Il sentait qu'il marchait vers les hasards de la mort.

— Oh ! mon Dieu, dit-il tristement, épargnez-moi la douleur de rencontrer le frère après avoir rencontré la sœur.

Il le savait brave, mais surtout exalté. Il ne reculerait donc pas. Pour lui, il était bien décidé à ne pas faire un pas en arrière, quel que dût être le combattant.

— J'ai perdu deux amis, dit-il.

Le comte de Volnay était son ami, comme Adolphe Ducharme. C'étaient donc deux amis de moins dans sa vie.

Une heure après le départ d'Eugène Henryet, une jolie calèche, attelée à la russe, emmenait vers Saint-Denis le comte de Volnay et Diane Ducharme.

Le comte de Volnay, comme Heeckeren, les Ezpeleta, de Bridges, et vingt autres décidés à tout, allaient et venaient de Paris à Versailles, de Versailles à Paris, bravant la Commune pour entrer et sortir, avec ce passeport irrésistible qui s'appelle un revolver.

Quelques-uns cependant possédaient un autre passeport, signé d'un ambassadeur ou d'un ministre étranger. Le comte de Volnay, qui était d'origine anglaise, avait pris un passeport à Londres après le premier siége de Paris. Plusieurs fois, il avait failli être arrêté; mais il avait toujours fait si bonne figure avec ses deux passeports : — le revolver et le papier anglais, — que les fédérés s'étaient inclinés, même ceux qui ne savaient pas lire.

Or, ce soir-là, quand il voulut franchir le poste fédéré sans exhiber ses passeports, puisqu'on ne faisait pas de façon pour entrer à Paris, il fut appréhendé au corps et désarmé avant de pouvoir jeter la main sur son revolver. Il semblait, d'ailleurs, ne s'occuper que de sa compagne de voyage.

C'était le citoyen Carnaval qui avait mis la main sur lui.

Carnaval était un des soldats d'Adolphe Ducharme; il avait, à lui seul, arrêté et enchaîné, dans ses bras d'hercule, cet homme difficile à vivre qui s'appelait le comte de Volnay. Quatre fédérés et un caporal n'auraient certes pas si bien fait.

— Je suis citoyen anglais, dit le comte de Volnay.

— Eh bien, mon doux ami, dit le citoyen Carnaval, vous écrirez à votre patrie. Rappelez-vous bien que M. de Bismarck a dit : la force prime le droit. Votre droit, c'était de passer; ma force, c'est de vous mettre au violon. Et en avant la musique.

Le comte eut beau dire et beau faire, il lui fallut obéir à la force. Jamais la force n'avait pris une figure plus virile que celle de Carnaval.

Cet homme avait été tour à tour lutteur place Saint-Pierre à Montmartre, gymnaste au Cirque, soldat au Mexique, franc-tireur dans la légion Ducharme, maquignon à ses heures perdues, marchand de montres qui ne marquaient pas l'heure, arracheur de dents pour s'égayer les jours de foire, mais surtout « effaceur » d'absinthes. Rien n'avait pu tempérer cette force herculéenne; il avait eu beau abuser de tout, il restait toujours, comme il le disait, à la hauteur d'un sacerdoce. Son sacerdoce, c'était de se faire justice. Comme saint Louis, il daignait aussi faire justice pour les autres, sous le premier chêne venu, pourvu que ce chêne de Thémis ombrageât un cabaret.

Depuis quelques jours, Raoul Rigault avait donné à ses argousins le signalement du comte de Volnay, sur la prière d'Adolphe Ducharme. Mais la police était si mal faite sous la Commune que c'était toujours un autre qu'on arrêtait. Carnaval, qui savait combien on attachait de prix à l'arres-

Quand M. de Volnay vit qu'il était pris sans espoir de salut, du moins pour ce jour-là, il regarda Carnaval du haut de son dédain, mais avec un peu du respect qu'imprime la force.

— Ah! citoyen anglais, lui dit Carnaval, vous n'êtes pas de taille avec moi. On voit bien à votre pâleur que vous n'avez pas teté la vigne bourguignonne.

Une vivandière passait.

— Tenez, le monde appartient au droit du plus fort; vous allez voir si vous pouvez lutter contre moi et mes pareils, vous autres les hommes de sang et de race, comme vous dites pour vous faire plaisir.

Là-dessus Carnaval prit la vivandière dans ses bras, la souleva lestement et la porta sur ses deux mains comme il eût fait d'une poupée. Or c'était une belle poupée de chair, de soixante-quinze kilos, sans compter le tonneau qu'elle portait sur le ventre. Il est vrai que sous la Commune le tonneau n'était jamais plein.

— Voyons, dit la vivandière, tu veux donc boire sans te baisser!

Elle lâcha la cannelle dans la bouche joyeuse et charnue de Carnaval.

— Tu t'en ferais mourir, lui dit-elle en le regardant boire.

Elle ferma la cannelle, et Carnaval, ayant assez montré ses forces, mit la belle à terre.

Le citoyen Carnaval, ainsi nommé, non parce qu'il faisait de sa jeunesse un éternel carnaval, mais parce qu'il avait été baptisé au bal de l'Opéra par les Clodoches les plus ébouriffants, était célèbre de la place Clichy à la barrière de la Villette par les belles actions de sa vie comme par ses tours de bâton. C'était un émancipé s'il en fut : « ni foi ni loi. » Ce n'est pas lui qui eût signé une constitution, fût-elle de Sparte. Il s'insurgeait contre tout, contre lui-même ; c'était la révolte à l'état de dogme ; il passait à travers la trame sociale comme les bourdons à travers la toile d'araignée. Hormis son colonel, son cher Cœur-de-Lion, comme il disait, nul n'avait d'action sur lui. S'il se battait pour la Commune, c'est qu'il y avait de b. b. dans la Commune. Et puis il était fier d'être l'ordonnance d'un pareil chef — un chenapan, disaient les uns, — un héros, disaient les autres : on ne mesurait pas les mots sous la Commune.

Carnaval avait un peu hanté les prisons, mais en prisonnier politique. D'ailleurs, selon lui, l'homme fort se retrempe en prison, parce qu'on y médite de belles revanches pour l'avenir. Quand il criait : Vive la liberté ! c'était surtout en pensant qu'il n'y avait plus de geôlier. Que lui importait, en effet, à lui comme à ses pareils, la liberté de conscience, puisqu'il n'en avait point; la liberté d'écrire, puisqu'il ne savait pas écrire; la liberté des cultes, puisqu'il ne croyait à rien; la liberté des théâtres, puisque son théâtre était en plein vent! En un mot, la liberté pour lui était de ne pas aller en prison. C'était aussi de vivre comme il lui plaisait, sans que personne osât y trouver à redire.

Une histoire entre toutes, qui peindra bien Carnaval.

Il devient amoureux d'une blanchisseuse fort avenante. Il ne s'inquiète pas si la dame est mariée; il l'invite à dîner au Rocher-Suisse; c'est au commencement du siége de Paris par les Prussiens. La blanchisseuse, séduite par les allures martiales du dompteur de bêtes, lui dit en rougissant qu'elle ne peut aller avec lui au Rocher-

Suisse, parce qu'elle y va quelquefois avec son mari ; mais elle lui donnera à dîner le lendemain chez elle, parce que son mari sera aux remparts, en vrai soldat-citoyen. La dame cache mal les préparatifs du festin. Le mari, qui a déjà eu maille à partir avec elle, se promet de la surprendre aux premières heures nocturnes ; il quitte le poste, — une autre permission de dix heures, — il vient frapper à sa porte, armé de son fusil. On se fait prier pour ouvrir. Trois coups de crosse. La blanchisseuse croit que c'est un voisin qui se trompe de porte : elle ouvre. C'est l'entrée du Commandeur!

La blanchisseuse est plus blanche que son linge. Cependant Carnaval n'a pas peur. Ferme comme un roc, il se verse à boire. Le mari fait trois pas en avant ; il s'étonne que son air martial n'ait pas encore jeté son rival à ses pieds. — C'est mon mari, dit la dame. — Ah! c'est votre mari ; j'en suis bien aise, il va boire avec nous. — Comment! je vais boire avec vous? s'écrie le mari en couchant Carnaval en joue. — Oh là! citoyen, dit Carnaval en saisissant le fusil, tu ne me connais pas ; je suis ton ami, puisque je te prends ta femme : mets-toi à table et bois avec nous ; sinon, je te jette par la fenêtre ; il ne faut pas faire le malin.

Le mari perd son air martial, il se met à table pour ne pas s'évanouir. — Vois-tu, citoyen, reprend l'hercule, je m'appelle Carnaval, on ne s'attaque jamais à moi, si ce n'est pour boire un coup, buvons! Et, versant à boire au mari : Et si tu t'avises d'avoir de la rancune pour cette femme, parce qu'elle a été bonne pour moi, je serais méchant pour toi, prends-y garde. Si tu ne veux pas te réconcilier avec elle, va-t'en.

Le mari trinqua et se réconcilia.

Au moral comme au physique, voilà Carnaval.

Le comte de Volnay était en bonnes mains.

On avait aussi arrêté Diane, mais elle se recommanda de son frère.

On se moqua d'elle, mais elle montra une lettre du colonel Ducharme.

Carnaval eut quelque peine à comprendre en voyant le nom de son colonel.

— Qu'on ne touche pas à cette femme-là, dit-il en la saluant.

Sans beaucoup d'émotion, Diane fit un signe d'adieu au comte de Volnay, et s'éloigna en toute hâte pour revenir à Versailles. Elle était presque souriante ; tout était un jeu pour elle ; elle ne pouvait croire qu'on jouât si bien avec la mort quand on jouait avec l'amour. Elle ne doutait pas, d'ailleurs, que le comte ne fût remis en liberté et ne vînt la retrouver à Versailles.

— A Versailles ! lui cria-t-elle en le regardant une dernière fois.

Voilà pourquoi dans les derniers jours de la Commune, on rencontra beaucoup cette jeune fille rue des Réservoirs, avenue de Paris et sur le tapis vert du parc, bien plus inquiète d'une aventure nouvelle que des suites de l'ancienne. C'était triste de la voir si jeune, si entourée, — et si abandonnée ! — Elle est bien jolie, disait-on sur son passage. — On dit que c'est la sœur d'un colonel des fédérés.

Et tous les désœuvrés parisiens de Versailles songeaient bien un peu à la faire prisonnière, sans s'inquiéter des colères de Cœur-de-Lion.

VII.

MADEMOISELLE DE VOLNAY.

> Fière comme les Alpes et
> blanche comme la neige.
> LAMENNAIS.

A côté du portrait de Diane Ducharme, voici comme contraste le portrait de Blanche de Volnay.

Son frère, M. Albert de Volnay était un homme bien malheureux. Il n'avait que vingt-cinq mille livres de rente et il était heureux avec les comédiennes, c'est-à-dire qu'il n'avait jamais le sou. Il n'avait d'autre position dans le monde que de porter avec son titre de comte l'échafaudage fragile de ses bonnes fortunes. On commençait à lui dire : « Encore une bonne fortune, et tu es ruiné. »

Le comte de Volnay vivait donc en enfant prodigue — en joli crevé — sans s'inquiéter beaucoup d'une charmante jeune sœur, encore pensionnaire au petit couvent de Sainte-***.

Le père et la mère étaient morts à un an d'intervalle, quand les enfants étaient bien jeunes encore. Une tante, qui habitait trois mois Paris et neuf mois une terre en Lorraine, veillait sur Mlle Blanche de Volnay avec la sollicitude maternelle.

Mais la jeune fille était pour ainsi dire toute seule, quand la tante n'était pas à Paris. Elle passait ses vacances en Lorraine; mais pendant les plus beaux mois de l'été, elle restait au couvent, où son frère venait la voir à peine une heure par semaine.

Depuis un an la guerre avait tout brouillé; la tante n'était pas revenue l'hiver à Paris; la jeune fille, revenue trop tôt par une fantaisie du frère, n'avait pu retourner à temps auprès de sa tante. Si bien que, pendant les deux siéges de Paris, elle était restée tantôt chez son frère, tantôt au couvent.

Mlle de Volnay n'était pas la première jeune fille venue; on peut même dire qu'elle n'avait rien de la pensionnaire, en vivant avec des pensionnaires. L'âme s'était teintée de couleurs sombres et fières. Blanche avait beaucoup pleuré sa mère et son père ; elle voyait avec une vraie douleur les escapades de son frère. Elle disait sans cesse comme disent tant de jeunes filles : « Ah ! que je voudrais être un homme. »

Et, en effet, elle eût été un homme; elle avait le sentiment de la domination. Toutes les idées qui venaient en elle se retrempaient dans son âme comme des armes ; ne pouvant être un homme, elle rêvait un mari qui aurait toutes les mâles vertus. Tant d'autres à son âge ne veulent vivre que dans le vague, s'abandonnant aux jeunes voluptés de la rêverie. Si elle rêvait, c'était sur le tableau de la réalité : sa ligne était droite ; si elle dessinait son chemin dans l'avenir, c'était pour aller au but sans détour. Elle supprimait tous les sentiers perdus. Elle n'était pas de celles qui disent : « Tout chemin mène à Rome. » Pour elle, il n'y en avait qu'un : le devoir austère.

Elle aimait Dieu pour toutes ses bontés, mais aussi pour toutes ses sévérités ; elle le remerciait pour le mal comme pour le bien. Elle embrassait avec effusion le symbole de la croix. La lumière de l'Église l'avait frappée. A ses compagnes, qui riaient de tout, elle disait souvent : « Prenez garde à vous, car la vie est une rude épreuve ; on n'arrive à Dieu que meurtrie. »

En un mot, elle pensait : elle ne rêvait pas. Et sa figure exprimait bien les sentiments de cette belle âme : le front, pur et blanc, avait des reflets de clarté divine. Il y avait du ciel dans ses yeux. La ligne du profil était du dessin le plus correct : dans l'ovale, sur les joues et sur les lèvres, rien d'ondoyant, rien d'efféminé, dans le sens voluptueux du mot. Et pourtant Dieu avait mis sur tout cela un charme adorable. Celle-là ne devait pas triompher par les armes du démon, mais par la douceur de la vertu. Il y a deux choses qui attirent les âmes : le ciel et l'abîme, la poésie de l'infini qui voyage dans l'azur à la recherche de l'absolu, et l'attraction de l'imprévu qui se perd dans les ténèbres. Mlle de Volnay ne voulait pas hanter l'abîme ; toute son aspiration était vers Dieu : elle aimait la lumière, parce que le rayon le plus pur ne pouvait rien trahir en elle. Elle portait la robe blanche et pouvait marcher sur la neige.

Ces âmes-là sont rares qui dédaignent les joies de la vie présente, si les joies de la vie présente ne sont pas déjà les joies de la vie future. Les trois meilleures amies de Blanche, c'étaient les trois vertus théologales : la foi, la charité, l'espérance ; croire au beau et au bien ; être bonne à son prochain ; espérer que la vie humaine n'est qu'un commencement.

Je ne veux pourtant pas en faire une sainte de calendrier. C'était une fille bien douée, qui ne connaissait pas le péché de coquetterie, qui priait simplement, qui ne s'indignait pas de la conduite des autres, qui s'humiliait dans la confession sans rien perdre de sa fierté, parce qu'elle sentait qu'elle n'avait pas encore porté atteinte à ce qu'il y avait en elle de digne de Dieu.

On l'aimait beaucoup au couvent. Quoique sérieuse, par un certain froncement de sourcil imprimé par la pensée, elle gardait sur ses lèvres je ne sais quoi de doux et de bon qui allait au cœur.

Un seul homme avait un jour troublé sa quiétude ; c'était un ami de son frère, c'était Eugène Henryet. Il lui avait plu par son air un peu hautain, quoiqu'il fût l'homme du monde le plus simple. On sentait le brave homme en lui, sous la bravoure du soldat. Il parlait bien ; il ne jonglait pas, comme tant d'autres, avec le scepticisme, parce qu'il se soumettait toujours à la fatalité, sinon à Dieu. L'émotion qu'il avait ressentie en parlant à Blanche avait gagné la jeune fille. Elle comprit ce jour-là qu'entre ce jeune homme et lui il n'y avait pas loin. Le comte de Volnay avait dit le lendemain, tout en riant, que ce beau capitaine pourrait bien être un mari, si elle le voulait. Elle avait dit, en riant aussi, qu'elle ne le voudrait pas ; mais elle avait rougi ; la douceur subite, dont parle Mme de Sévigné, avait passé sur elle comme une caresse. La moindre brise devait pencher ce roseau pensant ; le moindre caillou devait agiter ce lac sans vagues.

Mais ce ne fut qu'une émotion toute passagère, l'amour n'y était pour rien. Toute jeune fille, quand on lui parle pour la première fois d'un mari, a des battements de cœur et des effarouchements qui la troublent ; mais si l'amour ne s'empare pas d'elle soudainement, elle reprend toute sa sérénité. Eugène Henryet ne resta dans son esprit que comme un souvenir d'amitié. Ce n'était pas lui qui devait transfigurer cette fière vertu en jeune amoureuse.

Parmi les jeunes filles qu'elle avait connues au couvent de Sainte-***, il en était une, Mme Symiane de Beauséjour, qui, partie avant elle, lui écrivait et lui donnait l'idée d'écrire; c'était, pour ainsi dire, son confesseur de l'ordre profane. Elle lui répondait de longues lettres, où elle épanchait sa belle âme, à pleine amphore, comme la fille d'Homère.

Or, un jour, l'amie reçut cette singulière lettre :

« *Ma chère Symiane,*

« *Figure-toi que je pourrais dater cette lettre de l'Élysée. Hier, comme j'allais me coucher, on a envahi le couvent; malgré nos cris et nos larmes, on nous a emmenées, quelques-unes dans leur famille, quelques autres je ne sais où. Pour moi, j'ai été conduite, en fiacre, dans la cour de l'Élysée, où un colonel des fédérés est venu me recevoir. Je l'avais déjà d'ailleurs entrevu au couvent. J'avais une peur bleue; il a tenté de me rassurer.*

« — *Mademoiselle, m'a-t-il dit en adoucissant sa voix, car il paraît avoir l'habitude de parler à des hommes, ne craignez rien ici ; vous êtes sous ma sauvegarde. Les Versaillais vous envoyaient des obus; ici, à l'Élysée, vous serez à l'abri.*

« — *Mais, monsieur, je serai à l'abri chez mon frère; je vais aller chez mon frère.*

« — *Le comte de Volnay, reprit-il avec amertume, je*

le connais; mais vous n'irez pas chez lui, car il n'est plus chez lui : il a été arrêté hier, par ordre de la Commune.

« — Quoi ! on a arrêté mon frère ?

« — Oui, mademoiselle, il avait des intelligences avec Versailles. »

« Tu vois d'ici comme je me suis indignée; j'ai dit que mon frère n'était pas un espion. Il m'a répondu que cela ne me regardait pas, et il a ajouté en souriant, comme s'il eût parlé à un enfant :

« — Si vous êtes bien douce, on vous rendra votre frère. »

« J'ai compris qu'il fallait en rabattre de ma fierté; je me suis soumise, dans l'idée de sauver mon frère.

« On m'a donné ici une petite chambre sur le jardin. Connais-tu ce merveilleux jardin de l'Élysée, où les arbres ont cent ans ? Les rossignols chantent là dedans tout comme si on n'était pas sous la Commune; les oiseaux du bon Dieu ne font pas de politique, et ils ont bien raison. Je me suis hasardée tout à l'heure sous les arbres : c'est le Paradis terrestre; ah ! comme on serait heureux ici, si on pouvait être heureux sur la terre.

« Je ne désespère pas d'aller te voir demain. Le colonel m'a promis que mon frère serait libre. Pour lui, je l'ai vu déjà trois fois : j'ai été « bien douce. » Je n'ai pas froncé le sourcil. Je voulais ce matin aller à la messe ; tout ce qu'il a pu faire pour moi, ç'a été de me donner un Livre d'Heures ; tu vois qu'ils ne sont pas trop méchants dans la vie privée. Je suis tout de même bien inquiète. Tu pourrais venir m'embrasser, avec ta mère, si tu n'as pas peur qu'on te fasse prisonnière comme moi.

« Ce colonel s'appelle Adolphe Ducharme ; n'as-tu pas entendu parler de lui ? On l'a surnommé Cœur-de-Lion, parce qu'il est l'ami d'un de ses pareils qui s'appelle Cœur-de-Roi. Il m'a dit qu'il avait deux sœurs. Il paraît que c'est presque un homme comme il faut ; il reste élégant dans son costume de tapageur, avec ses bottes terribles, ses éperons à sonnette et son képi irrésistible. Il était officier dans l'armée ; il a passé par Saint-Cyr ; il m'a parlé du capitaine Henryet. Nous serions très-bons amis, si nous n'étions séparés par des abîmes.

« Mais voilà que je te parle de lui comme s'il inquiétait mon cœur. La vérité, c'est que je voudrais bien ne plus le voir.

« Si tu ne viens pas, écris-moi, ma chère Symiane.

« BLANCHE DE VOLNAY. »

Voilà, en quelques touches rapides, le portrait de la sœur du comte de Volnay, à la veille du drame le plus mystérieux de la Commune.

VIII.

LA VOYANTE.

> Prenez garde, sceptiques ; Descartes lui-même a eu sa vision, et Turenne n'a tremblé que devant des fantômes.
>
> Mlle DE LESPINASSE.

Mlle de Volnay se promenait un matin dans le jardin de l'Élysée comme une âme en peine, suivie d'un fédéré qui ne voulait pas qu'elle s'envolât.

Il semblait toujours à Blanche qu'elle dût voir son frère par les grilles.

Mais depuis deux jours déjà elle attendait. Le comte ne venait pas.

Il passait bien peu de monde dans ce temps-là dans les Champs-Élysées ; on voyait çà et là une figure inquiète ; pas un seul promeneur : quelques hommes et quelques femmes qui passaient rapides comme des flèches. Cette belle avenue Gabriel, si chère aux amoureux, n'était plus hantée par un seul amoureux. La nuit était profonde, comme sous le tunnel des Alpes. Pas un bec de gaz n'égayait ce désert tout retentissant des grands bruits du canon.

Le second jour, comme Blanche s'était hasardée vers la porte de l'avenue de Marigny, elle vit sur un banc une femme tout en blanc, qui parlait toute seule.

Cette femme l'intéressa par sa figure pâle et méditative. Elle avait l'air d'une vision.

Pour ceux qui regardent par les yeux de l'âme, elle était belle, quoique ses traits ne fussent pas d'un dessin correct.

Dès que cette femme vit Blanche, elle se leva, et vint vers elle, comme si elle fût attirée par une sympathie irrésistible.

Mais dès qu'elle se fut approchée, elle recula d'un pas.

— Oh! mon Dieu! dit-elle tout haut.

Elle fit pieusement le signe de la croix, et s'éloigna avec une grande expression de tristesse.

Blanche ressentit je ne sais quel coup au cœur. Pourquoi ce signe de la croix?

Il lui sembla que la femme en blanc s'était signée comme en passant devant un cercueil.

Le fédéré de garde, qui la suivait à distance

plus ou moins respectueuse, s'approcha d'elle.

— Ne faites pas attention, citoyenne, c'est la Voyante. Tout le monde la connaît. Les uns disent qu'elle porte bonheur, les autres disent qu'elle porte malheur. Moi, je crois qu'elle porte le diable en terre, tant elle est lugubre. Que voulez-vous ? il y en a plus d'une qui ferait meilleure figure à Charenton que dans les rues de Paris.

Pendant la Commune — car il faudra bien dire pendant la Commune comme on a dit pendant la Terreur, deux gouvernements du même style — on a remarqué à Paris, çà et là, à Versailles une femme vêtue tour à tour en blanc et en noir.

A Versailles, on disait que c'était une folle ; à Paris, on l'appelait la mariée ou la veuve, selon qu'elle revêtait sa robe blanche ou sa robe noire. On l'avait nommée aussi la grande-maîtresse des cérémonies, car elle était de toutes les fêtes : concert des Tuileries, convois des fédérés, renversement de la Colonne, distribution de drapeaux rouges et autres curiosités plus ou moins funèbres.

Avec sa pâleur, ses yeux égarés, son air recueilli, elle inspirait tout à la fois la surprise et la sympathie.

Il lui arrivait je ne sais combien de fois par jour de faire le signe de la croix, en regardant fixement un homme ou une femme, soit parmi les combattants, soit parmi les curieuses.

Les fédérés avaient beau lui représenter que le signe de la croix était un signe d'intelligence avec les Versaillais, elle continuait à faire le signe de la croix sans tenir compte des représentations ni même des menaces.

Cette femme était une voyante.

Les Orientaux disent que la mort marque de son sceau fatal toute créature qui doit mourir pendant la période ascendante et descendante de la lune. Aussi disent-ils souvent : « Celui-ci ou celle-là est marquée pour mourir. »

La Femme en blanc et en noir de la Commune était douée de ce triste privilége de voir pour ainsi dire la préface de la mort écrite sur la figure de ceux qui devaient trépasser bientôt.

Elle ne voyait pas par l'œil des médecins, qui dévisagent leurs malades pour y lire la vie ou la mort.

Elle voyait parce qu'elle était voyante.

D'ailleurs, ce n'était pas aux malades qu'elle pouvait prédire leur fin prochaine, c'était aux vaillants de la vie, aux santés robustes, aux figures les mieux épanouies.

Cette science funèbre s'était révélée en elle pendant le premier siége de Paris. Quand elle voyait partir les soldats pour les avant-postes, elle veillait sur leur passage et disait à mi-voix :

— Celui-ci qui regarde le temps qu'il fait ne reviendra pas dans les vingt-quatre heures ; — celui-là, qui fume si gaiement sa pipe, la fumera bientôt dans l'autre monde.

Mais, sous la Commune, la Voyante fut plus voyante encore ; elle était tout enfiévrée de ses lugubres visions. Comme les prophétesses, cette prophétesse de malheur avait pris des airs sibylliques et des allures mystérieuses.

On prononçait bien autour d'elle ces mots : « Espionne de Versailles ; » mais elle était protégée, parce que d'autres ajoutaient : « C'est une folle. » Et puis son sourire avait une douceur qui désarmait tout le monde. Elle ne parlait presque jamais ; on sentait qu'elle vivait en dehors de tout. Qu'eût-elle été dire à Versailles ? C'était une égarée qui avait perdu son point d'appui.

On la rencontrait toujours seule. D'où venait-elle ? où allait-elle ? Vivait-elle de l'air du temps et couchait-elle à la belle étoile ?

Le 21 mars, place Vendôme, elle se promenait les yeux en l'air, quand un chien qui gambadait autour de son maître, un colonel de la Commune, se jeta dans ses jupes et la renversa devant le réverbère.

— Malheur ! malheur ! dit-elle.

Le colonel lui donna la main pour la relever.

— Voyons ! dit-il en souriant, ce n'est pas là un si grand malheur.

— Je vous dis, reprit-elle d'un air inspiré, qu'il se passera ici quelque chose d'effroyable ; cette place même où votre chien m'a renversée, sera noyée de sang.

Le colonel regardait la Voyante d'un air moqueur.

— Il n'y a pas de quoi rire, citoyen. Il y a de quoi pleurer, si vous croyez à la Commune.

— Je crois à la Commune comme je crois à la patrie.

— Eh bien ! ci-gît la Commune. Je vous jure que je vois ici du sang qui ne sera effacé que par du sang.

Le colonel reprit la main de la Voyante et lui dit d'un ton paternel :

— Voulez-vous que je vous fasse reconduire chez vous ?

— Chez moi ?

Elle sembla chercher.

— C'est trop loin, reprit-elle. Mais vous ne me comprenez pas, colonel. Vous vous figurez que j'ai de la rancune contre votre chien. Non, Dieu merci ! C'est une belle bête.

La Voyante embrassa le chien.

— Comment s'appelle-t-il ?

— Thermidor.

— Un beau nom de chien. C'est égal, ce chien-là m'a fait voir, je ne dirai pas trente-six chandelles, mais trente-six larmes de sang. Adieu colonel ! adieu Thermidor !

Et la Voyante embrassa encore le chien qui l'avait renversée.

— Elle est folle, n'est-ce pas, Carnaval ? dit le colonel à un de ses soldats.

— Elle est toquée, mon colonel. Mais il ne faut pas lui en vouloir, voyez-vous ; tout le monde aujourd'hui a son araignée dans le plafond. Et puis, qui sait ? cette folle n'est peut-être pas si folle qu'elle en a l'air. Qu'est-ce que vous voulez ! moi, je ne crois pas à Dieu, mais je crois au diable !

Le colonel rappela la Voyante.

— Citoyenne, puisque vous êtes une sorcière, dites-moi si je mourrai bientôt?

La Voyante restait silencieuse.

Une jeune amazone survint. C'était Angéline Duportail, la maîtresse du colonel Ducharme.

— Oh ! oh ! dit-elle ; c'est la femme qui fait toujours le signe de la croix.

La Voyante prit la main du colonel et celle de l'amazone. Elle les regarda, les rejeta et s'écria :

— Du sang !

Et elle fit le signe de la croix pendant que les communeux éclataient de rire.

Le lendemain, c'était la manifestation « pacifique » de la rue de la Paix.

La place même où était tombée la Voyante fut couverte de sang.

La Voyante avait bien vu.

Quelques jours après, la Voyante rencontra Gustave Flourens, qui la connaissait bien.

— Eh bien, ma belle sorcière, dit-il en lui donnant la main, j'espère que tu ne porteras plus des robes noires? Encore quelques jours, la France sera sauvée; nous triompherons de Versailles, tu porteras le deuil en rouge.

— Non, lui dit-elle, je suis vouée au blanc et au noir.

— Eh bien, tu porteras le deuil en blanc, comme aujourd'hui.

— Tout en voulant sauver la France, dit-elle à Gustave Flourens, vous devriez bien penser un peu à votre mère. D'autant plus que la France se sauverait bien sans vous.

— Chut! dit le général improvisé, je crois qu'au fond tu es légèrement aristocrate; tu vis parmi nous, mais tu ne pries pas pour nous. Adieu. Nous n'en triompherons pas moins.

— Je prie pour vous, dit la Voyante.

Elle regarda Gustave Flourens pendant qu'il lui serrait la main.

— Oh ! mon Dieu ! s'écria-t-elle.

Et elle fit le signe de la croix, tout en se détournant.

Une heure après, comme on demandait à Gustave Flourens pourquoi sa figure s'était assombrie, il répondit que c'était pour avoir rencontré la femme en blanc.

— C'est un oiseau de mauvais augure, s'écria Brunel ; il faudra l'envoyer aux Versaillais.

Le lendemain, ce fut la grande sortie des fédérés pour prendre Versailles.

On sait comment Flourens mourut entre Paris et Versailles.

Sous le premier siége, un de mes amis — non pas le meilleur — a donné la comédie à l'hôtel Mauresque, pour les blessés.

Tout le Paris resté à Paris s'est retrouvé là.

On y a vu la Voyante.

M. Auber et M. Rouland causaient avec Marie Roze et Marie Colombier, quand le colonel Franchetti survint :

— Quelle est donc cette femme en blanc qui descendait l'escalier et qui a fait le signe de la croix en me voyant monter ?

On ne comprit pas.

— Il me semble bien que je l'ai vue aussi, dit M. Auber, et il me semble bien qu'elle se signait aussi devant moi tout en disant ses patenôtres.

La curiosité fut telle, qu'on voulut voir la femme en blanc. On se mit à sa recherche ; mais les petites marchandes de fleurs qui étaient au vestiaire dirent qu'elle venait de s'en aller. Elle n'avait fait qu'entrer et sortir.

Le colonel Franchetti mourut le lendemain.

Auber disait à cette fête :

— J'ai vécu trop longtemps !

Il mourut pendant la Commune.

Combien d'autres histoires je pourrais conter, pour montrer que la Voyante pressentait le malheur des autres. N'est-ce pas elle qui met aujourd'hui en émoi la rue des Rosiers par ses apparitions ?

Mlle de Volnay ne savait pas toutes ces histoires; mais quand elle rentra dans sa chambre de l'Élysée, elle était encore sous l'impression de sa rencontre avec la femme en blanc.

— C'est la première fois, dit-elle tristement, que j'ai peur du signe de la croix.

IX.

UN FESTIN SOUS LA COMMUNE.

> L'homme n'a pas été créé pour la femme, mais la femme pour l'homme.
>
> Saint Paul.

C'était quelques jours avant l'entrée des Versaillais à Paris.

Un chef de légion, plus ou moins colonel, accompagné d'une amazone et suivi de deux ordonnances, arriva un matin, au galop, sur le quai des Orfévres.

Le colonel était un grand diable qui portait fièrement son képi et son épée. Chose inouïe : ce colonel de la Commune savait monter à cheval! Chose plus inouïe : l'amazone qui l'accompagnait était une vraie cavalière.

Les fédérés se découvraient avec admiration; jamais on n'avait vu plus belle figure d'aventurier et d'aventurière. On eût dit que l'homme allait entrer en scène au Châtelet; on eût dit que la femme allait montrer « un beau travail, » au Cirque, le travail de Mme Loyal ou de Mlle Adèle.

Le colonel avait pris un cheval chez l'ex-ministre de l'agriculture, qui l'avait pris dans les écuries de l'ex-empereur. L'Amazone tenait le sien d'un petit-fils de Franconi, qui avait jugé qu'une femme vaut bien un cheval, même en temps de guerre.

On a reconnu Adolphe Ducharme et sa maîtresse Angéline Duportail.

— C'est sans doute un général, dit un fédéré qui ne savait pas compter les galons.

— Pas tout à fait, dit son camarade de canon, car ils avaient quelque peu bu tous les deux. Tu ne connais donc pas le colonel Cœur-de-Lion?

— Non. Je connais le commandant Cœur-de-Roi, qui est aussi un b—b—.

— A la bonne heure ; Cœur-de-Lion ne ressemble pas à nos vieilles culottes de peau ; on n'a pas besoin d'être un traîneur de sabre pour bien porter le sien.

— Et puis, celui-là sait monter à cheval.

— Et quand même il ne saurait pas monter à

cheval, est-ce que notre amitié ne lui en tiendrait pas lieu ?

— La question n'est pas de monter à cheval, dit une cantinière ; c'est de ne pas reculer devant l'ennemi.

— Oh ! toi, dit un sergent, je sais bien que tu ne recules pas devant les hommes ; mais nous saurons si ceux de Versailles ne te font pas peur. Tiens, vois-moi cette gaillarde-là !

La cantinière se posait, sur la hanche, comme un point d'admiration, devant l'Amazone, qui revenait sur ses pas, son compagnon l'ayant laissée seule pour entrer à la Préfecture de police. Quoique la dame fût fort belle, la cantinière regardait bien plus sa robe que sa figure ; l'amazone était du plus beau velours lie-de-vin. Quoique la jupe fût longue, Angéline Duportail avait l'art de montrer son pied fin et cambré dans une botte molle des mieux réussies.

— Ce n'est pas encore le père Gaillard qui aurait fait cette botte-là, dit la cantinière.

— Ce que je trouve bien, dit le sergent, c'est qu'elle n'ait pas choisi sa robe en velours bleu de Prusse.

— Tu auras donc toujours de l'esprit ? reprit

la cantinière en frappant sur le ventre à pic du sergent. Vois-tu, cette femme-là sait ce que c'est que de s'habiller; regarde comme elle a mis une petite cravate rouge de feu pour faire la lumière sur son costume !

— Sans compter qu'elle s'est payé de beaux cheveux blonds qui papillotent à merveille, qui inondent son cou, comme disent messieurs les feuilletonistes.

— Moi, à sa place, je me serais payé des cheveux noirs ; ça fait mieux dans le paysage de la Commune.

— N'a pas des cheveux noirs qui veut, murmura la cantinière en se rengorgeant.

Et il y avait bien de quoi ; d'abord parce qu'elle avait des cheveux noirs ; ensuite parce qu'elle pouvait se rengorger.

Adolphe Ducharme monta l'escalier du Palais de Justice.

Raoul Rigault, Protot, Théophile Ferré, assemblés comme les trois Parques, semblaient méditer quelque coup de ciseau sur le fil plus ou moins sacré de nos existences, quand Cœur-de-Lion entra à l'improviste.

— Voilà ce que c'est, dit-il ; à force de supprimer les créanciers et les débiteurs, vous avez supprimé les huissiers ; on entre ici comme dans un moulin. Que ruminez-vous donc là avec le sérieux d'hommes d'État sans emploi et de ministres sans portefeuille ?

— Ce j—f— de Protot, dit Raoul Rigault, ne prend pas gaiement son rôle ; il nous représente les dangers de la Commune ; un peu plus, il nous dirait : Frères, il faut f—le camp !

— Et moi, dit Cœur-de-Lion, qui venais vous inviter à souper.

— Tu sais, reprit Raoul Rigault, que toutes mes nuits sont prises.

— Je n'accepte pas cette fin de non-recevoir. Je sais bien avec qui tu soupes tous les soirs, mais tu as le droit d'amener tes convives amies des *Délassements-comiques;* plus il y a de femmes, plus la fête est belle. Pour moi, je présenterai à l'assemblée la perle des jolies filles, un ange descendu du ciel, avec ses ailes toutes blanches encore.

— Des phrases, des phrases. Où as-tu déniché cette demoiselle ?

— Je l'ai dénichée au couvent.

— Et tu célèbres ton mariage avec cette beauté ?

— C'est mon secret ; je vous le dirai cette nuit ; mais ne manquez pas au festin.

— Pourra-t-on te blaguer un peu et engueuler les ailes de ton ange ?

— Tu auras toutes les libertés, même celle d'avoir de l'esprit : on sait que tu n'en abuseras pas.

— Nous les connaissons celles-là qui ont des ailes sur les épaules. Il y en a beaucoup qui viennent à notre préfecture pour se faire tirer la carte.

— Puisque je te dis que c'est une jeune fille du monde !

— La belle raison ! Tu sais que je vais te faire arrêter. Le monde ! je ne connais que celui qui commence à Montmartre pour finir au Père-Lachaise. C'est là qu'il y a de la vertu, parce que là les femmes ne sont pas des anges, mais des femmes ! que dis-je ? des citoyennes !

— Allons, allons, reprit Cœur-de-Lion, nous sommes entre nous, ce n'est pas la peine de prodiguer les principes comme aux clubs ; garde cela pour une meilleure occasion. Je sais bien, comme toi, que le faubourg Saint-Germain n'a plus que le privilége de la bêtise ; ses femmes sont des héroïnes de roman et ses filles sont des je ne sais quoi. Mais celle que vous verrez ce soir n'a encore aimé que Jésus-Christ.

— Eh bien, Jésus-Christ c'est un homme, dit Raoul Rigault.

— Adieu. Ah ! j'oubliais ! Je donne le souper à l'Élysée, palais de quelques ci-devant qui avaient l'habitude de bien souper ; car, il faut le reconnaître, les princes avaient une bonne Cuisinière-Bourgeoise. Je veux me montrer digne de la tradition ; on ne peut pas mal souper à l'Élysée.

— Prenons garde, dit tristement Protot, de souper aux champs Élysées avec le citoyen Pluton et la citoyenne Némésis. On soupe beaucoup trop sous la Commune ; mais je ne suis pas un moraliste, et je ne veux pas porter mon ombre dans vos gaietés.

Adolphe Ducharme n'insista pas pour avoir Protot, mais il dit à Ferré :

— Je compte sur toi ; Dacosta m'a juré sur sa tête que tu viendrais avec lui.

— A propos, dit Ferré en repoussant de la main la bottine vernie de Raoul Rigault qui mettait toujours ses pieds sur la table, est-ce que tu as divorcé d'avec la belle Duportail ?

— Moins que jamais ; elle sera de la fête.

— Elle n'est donc pas jalouse ?

— Pas un mot de plus ; c'est une comédie, c'est un drame ; à minuit vous aurez le mot de la fin.

— Et s'il y a une attaque ce soir ? dit Protot toujours sérieux.

— Non ; nous avons nos espions, des espions prussiens s'il en fut. Les Versaillais attendent que les portes soient toutes grandes ouvertes.

— Que s'est-il passé dans la matinée ?

— Rien ; on a fusillé des réfractaires pour leur apprendre à vivre avec la Commune.

— Voilà qui est bien, dit Raoul Rigault en regardant la spirale de fumée qui sortait de ses lèvres, comme s'il eût regardé une œuvre d'art. Il faut familiariser la Révolution avec la mort. Quand tout le monde aura le mépris de la vie, ce sera l'heure des grandes actions, s— nom de D—.

Deux minutes après on entendit retentir le galop des chevaux qui emportaient Cœur-de-Lion et l'Amazone.

Le soir, on prépara à l'Élysée un dîner de vingt-quatre couverts. L'amphitryon regrettait de n'avoir plus ni le beau linge de Saxe, ni l'argenterie armoriée, ni la vaisselle plate, ni les rares cristaux de Mme de Pompadour. Il se fût même contenté d'un service de table du tyran. Il avait pourtant réussi à donner un certain style à son festin, quoiqu'il y eût là des serviettes et des couverts de toutes les paroisses. De beaux candélabres, retrouvés au palais, inondaient la salle de lumière. Aussi, quand les convives entrèrent, ils cherchèrent Adolphe Ducharme pour le féliciter de la bonne mine de son souper; mais Cœur-de-Lion n'était pas là.

On félicita l'Amazone.

La table était couverte de pièces de résistance et de pièces de fantaisie; il y en avait pour les gourmands et pour les gourmets. Voici le menu que chaque convive trouva à sa place :

ABSINTHE

La soupe printanière aux œufs pochés.

RELEVÉ

Le saumon sauce — internationale.
La carpe au bleu — de Prusse.

ENTRÉES

Le foie gras à la Chambord.
Les mauviettes des Rues et des Bois.
Matelottes d'anguilles Delescluze.
Ha! Ranc sort!
Le jambon d'York aux graines d'épinards Faidherbe.

RÔTIS

Le poulet du Mans à la Chanzy.
Les pigeons vogageurs à la Gambetta.
Les oies de Versailles aux marrons d'Inde.

ENTREMETS

Les bombes glacées de Montretout.
Les asperges en branche — d'Ollivier.
Les écrevisses bordelaises — à l'Assemblée nationale.

DESSERTS

Les cigares et les pipes-en-bois.
Le café servi par Fine-Champagne.
L'avalanche de fruits secs.

Grands vins rouges à tire-la-Rigault. — Grands vins de campagne.

Ce menu avait été rédigé par Adolphe Ducharme et surtout par Angéline Duportail.

X.

LES MENUS PROPOS.

> La douceur est tyrannique et le despotisme servile.
>
> Saint-Just.

Tout ce monde-là était familier sans bien se connaître ; la Commune rapprochait les esprits ; c'était le tu et le toi des repas civiques de 1794. On s'interpellait à brûle-pourpoint et à gueule-que-veux-tu ; le répertoire du Père Duchesne courait sur la nappe dru comme grêle.

Non-seulement le Père Duchesne était là, mais je crois qu'il y avait aussi la Mère Duchesne, une mère qui n'avait jamais eu d'enfants, et dont la jolie figure contrastait avec sa langue de vipère.

Sur la prière de la Duportail, on s'était mis à table, quoique le colonel ne fût pas arrivé, sous prétexte que le peuple-roi n'attend pas.

D'ailleurs, sous la Commune, personne n'attendait; on ne s'attendait même pas pour battre en retraite.

On était à peine à table quand on annonça deux hôtes inattendus : Carnaval et Fine-Champagne.

L'hercule fit une entrée majestueuse; il portait, le coude appuyé sur la hanche, la vivandière sur la main. Pour autre point d'appui, Fine-Champagne s'accrochait à la crinière rebelle de Carnaval.

Elle avait, comme toujours, sur le ventre, un petit baril aux cercles brillants, un objet d'art s'il en fut sous la Commune.

Elle était fort jolie dans sa veste à la hussarde, avec son chapeau de travers et ses bottines à talons.

— Citoyens et citoyennes, dit Carnaval en relevant la tête avec le fier et dramatique accent de Mélingue, nous ne sommes pas des trouble-fête. Je viens vous verser la bienvenue.

Disant ces mots, il avança la main, — c'est-à-dire Fine-Champagne, — au-dessus de la table, entre deux convives.

— Fine-Champagne, ici présente, — continuat-il avec un sourire épanoui sur sa figure haute en couleur, — ne veut pas faire mentir son nom.

Vous savez qu'on l'appelle Fine-Champagne par antiphrase — passez-moi le mot qui n'est pas de mon répertoire — la fine-champagne de son tonneau n'étant que du trois-six d'Orléans. Mais aujourd'hui nous avons changé tout cela; le baril est d'un bon tonneau; c'est le citoyen Chevet lui-même qui l'a rempli à sa fontaine. Allons-y gaiement; c'est pour faire un trou, comme on dit dans le beau monde.

Fine-Champagne avait déjà tourné le robinet; c'était à qui boirait le premier verre. Quand tout le monde fut servi, Carnaval salua avec le plus sérieux comique toute la compagnie.

— Comment, Carnaval, tu ne bois pas? lui cria un des convives.

— Oh! pour moi, un verre de fine-champagne, c'est une goutte d'eau. Je voudrais boire de la poudre. Mais mademoiselle Fine-Champagne pourrait trinquer à votre santé avant de s'esbigner.

On donna un verre à la vivandière; Carnaval la promena autour de la table, comme il eût fait d'une poupée. Après quoi il s'en alla comme il était venu, sans perdre un pouce de sa dignité, j'ai failli dire de sa grandeur.

— Ça fait du bien de voir de pareils hommes,

dit une dame du festin. Ces hommes-là devraient avoir des myriades d'enfants.

— Oui, dit une autre; un régiment d'enfants de troupe pour prendre la revanche; mais où sont les femmes pour les faire?

Mlle Colombe, du café des Ambassadeurs, fut priée de chanter, à la première entrée, les *Petit's Bonn's de chez Duval,* paroles de J.-B. Clément, membre de la Commune, musique de M. de Villebichot.

Elle exécuta la chanson de fort bonne grâce.

> Ça vous a des bonnets d' grisette,
> Des tabliers blancs à bavette,
> Et ça vous sert un p'tit bouillon
> Comm' l'apothicaire en fonction.
> Ell's sont presque tout's demoiselles,
> Et leurs yeux ont tant d'étincelles,
> Qu'ell's f'rai'nt sauter un arsenal,
> Les bell's p'tit's bonnes de chez Duval. } *bis.*

> Ell's vous ont un' gentill' tenue,
> Vous pouvez les passer en r'vue;
> C'est le plus joli régiment
> Que la Franc' possède en c' moment.
> C'est si mignon à la boutique
> Qu' ça trouv' toujours un' bonn' pratique
> Qui leur propos' le conjugal,
> Les bell' p'tit's bonn's de chez Duval. } *bis.*

> Comme ell's sont de vaillant's personnes,
> Ell's s'habill'nt en amazones,
> Et c'est le plus beau bataillon,
> Qui sur Versaill' lance le bouillon.
> Quand Bonvalet écum' le pot,
> Elles vont portant le chass'pot
> Pour venger Flourens et Duval, } *bis.*
> Les p'tit's bonn's de chez Duval.

— A la bonne heure ! s'écria Jules Vallès en apostrophant Courbet, voilà qui vaut bien les chansons d'Orphée.

Les soupeurs avaient déjà attaqué la carpe, quand Adolphe Ducharme fit son entrée avec quelque fracas. Une véritable entrée en scène, qui avait été méditée et préparée avec la science du comédien.

Il était accompagné d'une jeune fille vêtue en noir, qui semblait plus surprise qu'effrayée de se voir dans un tel monde.

C'était Mlle Blanche de Volnay.

— Je ne vois pas mon frère, dit-elle à Adolphe Ducharme.

— Je vous jure qu'il va venir, répondit le colonel.

— Voilà les ailes de l'ange, dit Raoul Rigault à Dacosta.

Dacosta se retourna vers son voisin Oswald.

— Dis donc, toi qui as les fonds secrets, tu pourras peut-être m'aider à l'accoster.

— Oui, Dacosta; mais tu devrais changer de mot, sinon de nom de Dieu.

— Eh bien non, dit Raoul Rigault qui ne croyait à rien ; ce n'est pas avec les fonds secrets qu'on prendra celle-là : Cœur-de-Lion ne nous a pas trompés, c'est une rosière.

Il était ému malgré lui, cet homme qui avait jeté son cœur à la mer, comme une marchandise superflue, pour traverser le naufrage de la Commune.

Cependant le colonel avait pris sa place, après avoir fait signe à la jeune fille de s'asseoir à côté de lui. On voyait qu'elle obéissait comme une esclave et non comme une femme.

Les officiers de table, raccolés çà et là aux Tuileries, au Luxembourg et à l'Hôtel de Ville, vinrent à tour de rôle offrir qui du turbot, qui du saumon, qui du filet, qui du jambon à la nouvelle venue. Elle refusa toujours.

Sur l'insistance de Cœur-de-Lion, elle finit par accepter une pomme d'api et une mandarine, quoiqu'on ne fût pas encore au dessert.

— Je n'ai pas faim, disait-elle; je ne soupe jamais.

— Puissiez-vous ne jamais souper, dit Théophile Ferré, qui était son voisin et qui voulait poser pour le bureau des mœurs. Alors, reprit-il avec curiosité, pourquoi êtes-vous venue ici ?

— Chut! dit Adolphe Ducharme qui avait entendu, je te répondrai tout à l'heure.

Théophile Ferré regarda l'Amazone comme pour l'interroger elle-même. La Duportail était en face; elle regardait la jeune fille plutôt avec douceur qu'avec jalousie.

— Elle était d'ailleurs plus préoccupée du service que de n'importe quoi; elle y avait mis la main et elle voulait qu'on fût content.

Comme dans les bonnes maisons, c'était le service à la russe ; on n'attendait pas que les convives eussent soif pour leur donner du bon vin. Le service parisien laisse beaucoup à désirer : le mauvais vin dans les grands verres et le bon dans les petits; et, pour aggraver la chose, avant d'emplir les petits verres on laisse vider les grands.

Au festin de Cœur-de-Lion, on avait commencé par remplir les coupes d'un vin de Champagne bien frappé et bien marqué : Rœderer, Jules Mumm et Cliquot, ce trio de la gaieté parisienne. Si bien qu'on jeta bientôt son bonnet phrygien par-dessus le moulin de Montmartre. Tout le monde voulait s'embrasser, surtout en se tournant du côté des femmes, mais il n'y en avait pas pour tout le monde.

— Voilà pourtant, disait un membre de la Commune, comment ces affreux réactionnaires soupent tous les soirs ; eh bien, ils ne souperont plus, car nous soupons, nous, les b—b—. N'est-ce pas, Père Duchesne?

— Oui ! Et le peuple soupera aussi.

On remarquera que le Père Duchesne, hors de son journal, ne parlait pas comme un marchand de fourneaux; au contraire, il traînait sa muse sur des talons rouges, mais elle n'en était pas plus belle pour cela.

On commença à parler des Versaillais.

— Et quand on pense que les représentants sont payés ! s'écria Rastoul.

— Et blanchis ! s'écria Raoul Rigault.

— Mais pas éclairés ! dit Félix Pyat.

On fit quelque peu de politique et d'athéisme. Voici des phrases prises çà et là :

— As-tu des nouvelles de l'Internationale ?

— Oui, tout va bien, puisque tout va mal.

— Combien de temps subirons-nous encore le despotisme de la société ?

— La société a du bon, nous lui portons beaucoup d'intérêt, puisque nous lui prendrons son capital.

— Ne joue pas sur les mots. Tu as raison d'ailleurs ; manger son revenu, c'est bien ; manger celui des autres, c'est l'idéal.

Adolphe Ducharme était soucieux.

— Voyez-vous, dit-il tout à coup, vous serez toujours des enfants. Montaigne disait qu'il faut à toute heure désenseigner la sottise aux hommes d'esprit. On vous a dit que vous étiez le peuple le plus spirituel de la terre ; ce n'est pas vrai, mais vous l'avez cru. C'est ce qui vous perd. Les Spartiates n'avaient pas d'esprit, ou plutôt ils en avaient et ne cherchaient pas à avoir l'esprit des Athéniens. Il faut à Paris dix années de terreur pour le faire changer de caractère.

— Ce n'est pas si bête ce que Ducharme dit là, s'écria Midi-à-Quatorze-Heures ; la déesse de la Raison n'a vécu que sous le régime de la Terreur.

— Vanité des vanités, reprit Cœur-de-Lion ; en

France, c'est l'homme de lettres qui perd l'homme politique ; au lieu de courir aux armes, il court au *Dictionnaire de l'Académie ;* au lieu de frapper, il fait un discours. C'est l'histoire de Robespierre. Saint-Just lui-même n'est qu'un rhéteur, à la dernière heure. Frappe, mais n'écoute pas : c'est le cri des vrais révolutionnaires.

— Oui, mais la force ne frappe bien que par la main de l'opinion.

— L'opinion ! c'est encore un vieux mot, ou plutôt l'opinion est une fille publique qui obéit à celui qui la paye.

— Ne disons pas trop de mal des filles, elles se sont bien montrées aux avant-postes.

— Parce que c'était elles qui buvaient le mieux.

— Elles avaient le fanatisme de l'amour.

— Non, le fanatisme du vin tricolore : bleu, blanc et rouge.

Mlle de Volnay, qui n'avait accompagné le colonel que dans l'espérance de retrouver son frère, se mordait les lèvres dans sa douloureuse impatience.

— Il ne vient pas ! dit-elle à Cœur-de-Lion.

— Il viendra ! répondit-il.

XI.

COMMENT MEURENT LES FEMMES.

> L'audace est une arme d'or pour celui qui veut faire le bien.
> PHOCYLIDE.
>
> Pour fuir l'amour, elle se jeta dans la mort.
> LAMARTINE.

Quand on eut bien divagué sur la crise politique qui allait transformer la France, Adolphe Ducharme se leva, prit sa coupe, et porta un toast à l'humanité.

— Citoyennes et citoyens, je bois à l'humanité, qui va enfanter l'avenir.

— L'avenir, dit Félix Pyat, je le connais : c'est un enfant terrible qui donne à sa mère de rudes coups de pied dans le ventre. C'est égal, buvons à l'avenir.

Tout le monde leva sa coupe, moins quelques citoyens qui commençaient à s'effondrer sous la

. table. Cœur-de-Lion s'impatientait de ne pas être mieux écouté.

— Mesdames et messieurs, reprit-il d'un ton dominateur, je ne demande pas la parole, je la prends, car j'ai de bonnes choses à vous dire. Écoutez cette histoire.

« Il était une fois une brave famille qui vivait à Orléans du produit d'une petite terre, et surtout du travail de fées des deux filles de la maison. La sœur aînée hérita d'une petite dot à la mort de sa marraine ; elle était aimée d'un soldat qui avait conquis bravement ses galons de capitaine ; quand elle eut une dot, il fit un pas de plus et demanda sa main. On serait déjà marié si le capitaine n'était à Versailles et la jeune fille à Paris.

« Mais la seconde sœur n'avait pas de dot; elle voulait bien travailler pour sa mère, mais l'idée qu'il lui faudrait toute sa vie travailler pour elle-même la rebuta dans son œuvre de fée, qui lui rapportait bien vingt-cinq sous par jour, en passant le reste de la nuit. Ce fut alors qu'elle rencontra à l'église — à quoi servent les églises ? — un ci-devant gentilhomme, car il n'y en a plus. Ce fut le roman de Faust et de Marguerite. Faust triomphe toujours de Marguerite. Voilà donc le gentilhomme heureux et la jeune fille déshonorée.

« Or, la jeune fille a un frère, et le gentilhomme a une sœur... »

En ce moment, on put remarquer que Mlle Blanche de Volnay, qui jusque-là semblait absorbée dans je ne sais quelle silencieuse tristesse, leva les yeux et regarda Cœur-de-Lion. Elle était comme ces passagers qui traversent la tempête, mais qui pourtant reviennent peu à peu de leur aveuglement. Elle avait mal écouté, elle écouta bien.

« — Donc, continua le chef de légion, la jeune fille a un frère et le gentilhomme a une sœur. Le déshonneur de la jeune fille ne frappa pas impunément son frère. C'est un des vôtres ; il vit avec vous, il vit pour vous ; il est fier d'appartenir à la sainte canaille, à la généreuse populace qui prend aujourd'hui sa revanche contre les réacs, pour la prendre bientôt contre les Prussiens.

« Cet homme a juré de venger sa sœur, de venger sa mère, de se venger lui-même.

« Comment se venger ? Il pouvait bien prendre une épée et se battre avec le séducteur ; mais il est plus raffiné dans sa vengeance. Il a voulu infliger la peine du talion. Tu as séduit ma sœur, je séduirai la tienne. Tu n'aimes peut-être pas ta sœur comme j'aimais la mienne ; mais tu m'as frappé dans son honneur. Voilà ce que s'est dit le frère. Et qu'a-t-il fait pour cela ? »

Il paraît que l'histoire que contait le colonel était intéressante ; tout le monde s'était tu ; on eût entendu voler une abeille.

« — Ce qu'il a fait pour cela, continua-t-il, je vais vous le dire. Il savait où était la sœur du gentilhomme. Il a apprivoisé à force de douceur cet oiseau farouche ; elle s'est confiée à lui, il ne la trahira pas. »

Mlle de Volnay semblait de plus en plus anxieuse ; on parlait une langue qu'elle ne comprenait qu'à demi-mot ; son innocence même lui masquait la vérité.

Adolphe Ducharme se détourna pour donner un ordre.

Quelques secondes après, on vit apparaître à la porte qui faisait face au colonel un jeune homme conduit par quatre fédérés. Il avançait, la tête haute, sans savoir pourquoi on le menait à ce festin ; il avait la vue basse, il prit son lorgnon ; mais un des fédérés le lui arracha comme un signe d'aristocratie.

— Le frère! dit alors Cœur-de-Lion d'une voix de tonnerre, le frère, le voilà!

Et il indiqua du poing celui qui venait d'entrer.

Puis se tournant vers sa voisine :

— La sœur, la voilà!

La jeune fille poussa un cri. Cette fois, Blanche avait compris dans quel abîme elle était venue se jeter.

Quoique le frère n'eût plus son lorgnon, il reconnut sa sœur au cri qu'elle poussait. Il voulut s'élancer, mais les fédérés avaient le mot d'ordre; ils l'enchaînèrent dans leurs bras vigoureux.

— Oui, reprit Cœur-de-Lion, voilà celui qui a déshonoré ma sœur, car vous savez que c'est ma sœur, n'est-ce pas? Lui est un gentilhomme, moi je suis un homme.

— Le plus noble des deux, c'est toi, cria Raoul Rigault.

— Voilà un beau drame pour la Porte-Martin, dit Félix Pyat; je le ferai jouer l'hiver prochain.

En effet, le drame s'accomplissait. Pendant que le comte de Volnay se débattait comme un tigre dans sa cage de chair humaine, Cœur-de-Lion lui cria :

— Tu m'as pris ma sœur, je te prends la tienne. Tu écriras cela sur ton blason.

Un grand silence suivit ces paroles.

Blanche de Volnay, épouvantée, se sentit le courage de Lucrèce.

Elle saisit un couteau et s'en frappa le sein avant que Théophile Ferré eût arrêté son bras.

Un cri d'effroi retentit dans toute la salle; ce fut un tumulte indescriptible; quelques-uns restèrent à table, muets et immobiles de stupeur; mais presque tous se précipitèrent comme s'ils pouvaient sauver la malheureuse enfant.

Une grande émotion prit tous les convives quand on vit Mlle de Volnay pâlir et se renverser. Hormis Adolphe Ducharme et sa maîtresse, nul n'avait vu cette belle action de la jeune fille, qui, saisissant un couteau, s'était frappée au cœur dans son indignation.

Elle voulait ainsi s'envelopper chastement dans sa vertu, pour ne pas vivre même en face du soupçon.

On s'imagina d'abord qu'elle se trouvait mal. Elle tomba toute sanglante. S'était-elle blessée en tombant? Ce fut l'opinion de presque tout le monde. Mais Angéline Duportail, qui avait la science de la femme, comprit bien vite l'horrible tragédie.

Aussi courut-elle en toute hâte pour secourir Mlle de Volnay, espérant qu'elle n'avait pas frappé juste.

Adolphe Ducharme fut effrayé de sa vengeance.

Pendant que sa maîtresse tenait Mlle de Volnay évanouie dans ses bras, il alla droit au comte et dit tout haut :

— J'ai voulu vous donner une leçon, à vous et à vos pareils. Je n'ai pas eu l'infamie de vouloir séduire une honnête fille. Mais pourtant nous devrions tous nous venger ainsi, pour vous apprendre à respecter nos sœurs.

— Elle est morte ! elle est morte ! cria-t-on de la salle voisine où on avait traîné Mlle de Volnay.

— Eh bien, dit tristement Adolphe Ducharme, si elle est morte, qu'elle aille à Dieu ; elle priera pour ma sœur. Ce n'est pas moi qui l'ai tuée, c'est son frère.

Le comte de Volnay, qui avait fini par s'échapper, courut à sa sœur et revint terrible devant le chef de légion.

— Vous êtes un lâche, lui dit-il ; vous m'avez emprisonné au lieu de me demander raison.

Il le renversa à demi. Mais Cœur-de-Lion se releva terrible et renversa le comte sur la table.

— Je te brise comme un verre si tu dis un mot de plus.

Et se reprenant :

— Maintenant, monsieur le comte, je suis à vos ordres ; vous êtes libre. Il y a ici des épées.

Mais le comte n'écoutait plus ; il était retourné à sa sœur. Il soulevait sa pâle figure et la baisait en sanglotant.

— Il est trop tard, lui dit l'Amazone, qui avait des larmes dans les yeux. Si vous aviez aimé votre sœur, vous auriez respecté celle des autres.

René de Volnay se soumit à cette rude épreuve : il emporta sa sœur dans son lit virginal et la veilla pieusement.

Il se croyait dans un rêve horrible ; mais pourtant la canonnade qui remuait tout Paris le rappelait à la réalité ; il s'indignait, il pleurait, il priait.

— Ce coquin a eu sa vengeance, criait-il ; mais j'aurai la mienne.

Mlle de Volnay respirait encore. Quoiqu'elle se fût frappée avec violence, les médecins ne désespérèrent pas.

On emporta la jeune fille dans le salon voisin,

dont la porte fut rigoureusement défendue, quelle que fût la curiosité des convives. Les opinions les plus contraires coururent dans la salle du festin où nul ne put dire la vérité ; on avait d'ailleurs bu beaucoup de vin de Champagne : le vin de Champagne amuse l'esprit et l'égare ; il a une autre vertu : il désintéresse de tout, il donne la philosophie de l'indifférence.

Voilà pourquoi cet héroïque coup de couteau ne remua pas beaucoup l'opinion publique sous la Commune. Le lendemain on dit seulement qu'un souper donné à l'Élysée avait été troublé par l'évanouissement d'une petite bégueule qui ne voulait pas boire le vin bleu de la démocratie. Adolphe Ducharme et Angéline Duportail répandirent le bruit, parmi leurs amis les journalistes, que les obus des Versaillais avaient frappé Mlle de Volnay, une pensionnaire du couvent de ***.

— Nom de D—! s'écria le Père Duchesne, voyez-vous comme ces j—f— de réacs frappent à tort et à travers ; ils tuent leurs enfants pour tuer les nôtres, nom de nom de D —!

Les journaux de la Commune ne disaient-ils pas aussi que des enfants étaient tués sur le sein de leur mère, toujours par les Versaillais, tandis que c'était par la maladresse des fédérés?

Adolphe Ducharme s'était imaginé qu'il aurait un duel avec le comte de Volnay le lendemain du souper. Il l'attendit de pied ferme; — il l'accusa même d'avoir peur de lui; — mais ce n'était pas ce duel-là que le comte de Volnay voulait avoir avec Adolphe Ducharme.

Quelques jours après, le comte de Volnay courut à Versailles, — non pas pour revoir Diane Ducharme, qui d'ailleurs ne l'attendait plus, — mais pour s'engager dans la compagnie des Mobiles de la Seine, cette compagnie digne de vivre dans l'histoire, puisqu'elle perdit vaillamment la moitié des siens pour entrer dans Paris.

Le drame qu'il venait de traverser avait transfiguré René de Volnay.

XII.

COMMENT ON FUSILLA DEUX RÉFRACTAIRES.

> Prends garde! le sang te fera un ciel rouge.
>
> EDGARD POË.

On ne s'attardait pas longtemps dans les mêmes émotions ; celui qui aurait suivi Adolphe Ducharme dans sa vie publique, — il n'y avait pas alors de vie privée, — eût été quelques jours après témoin d'un spectacle non moins épouvantable.

Quand on descend la pente du mal on marche avec le vertige ; le pavillon de la patrie couvre toutes les horreurs et les adoucit par les couleurs du patriotisme.

C'était au parc de Neuilly ; on amena devant le colonel Ducharme deux réfractaires, deux frères, deux studieux enfants que la révolution avait séparés de leur famille.

Ils avaient tout tenté pour échapper à cet enfer

parisien ; on avait fini par les prendre dans une charrette de blanchisseur, qui venait de franchir la porte des fortifications.

Ces deux enfants étaient braves; naturellement, le premier mot qui les frappa fut une accusation de lâcheté.

Une douzaine de fédérés, qui avaient le vin mauvais, commencèrent par maltraiter les deux frères.

— B— de lâche et de rien-qui-vaille, on va vous leur-z-y faire leur affaire.

— Qui nous a f— des c— pareils, qui se cachent dans le linge sale. Voilà comme tous ces j—f— servent la République.

— Si je ne me retenais, je les tuerais comme des chiens.

— Ils ne valent pas la poudre de mon chassepot.

Et toutes ces éloquences étaient émaillées de coups de pied et de coups de poing. Quand les deux frères arrivèrent devant le colonel, ils étaient en lambeaux.

— Il faut les fusiller ! il faut les fusiller ! crièrent les fédérés qui les conduisaient et les fédérés qui entouraient le colonel.

— Des exemples! des exemples! si on veut sauver la Commune.

— Voyez-moi ça : trop beau pour rien faire ; des mains de femme, des figures de papier mâché.

Une cour martiale s'établit soudainement. Adolphe Ducharme, tout en reconnaissant leur crime abominable d'avoir déserté la cause de la Commune, essaya de défendre les deux frères. Il était touché de leur jeunesse et de leur pâleur.

— Ils tremblent, dit-il, mais ce n'est pas de peur, c'est parce qu'ils sont indignés de vos injures. Donnez-leur à chacun un fusil, vous verrez qu'ils se conduiront aussi bien que vous; n'est-ce pas, les enfants ?

Le colonel avait pris une voix grave, comme un juge souverain.

— Non, dit le plus jeune des frères, nous ne voulons pas de vos fusils. Assassinez-nous si vous voulez, mais nous ne nous battrons pas contre la France !

Le jeune homme regarda son aîné, qui lui serra la main pour avoir si bien dit.

— Et toi, cria un des fédérés à celui qui restait silencieux, est-ce ton opinion ?

Le jeune homme regarda le garde national avec un grand air de dédain.

— Mais parle donc! mais parle donc!

Le frère aîné ne daigna ouvrir la bouche.

— Prends garde, si tu ne parles pas, je vais faire parler mon fusil.

A ce moment une estafette apporta un ordre au colonel ; il se détourna de quelques pas pour lire la dépêche.

— Eh bien ! colonel, qu'est-ce que nous faisons de ces deux lâches ?

Les compagnies qui entouraient les jeunes gens étaient au paroxysme de la colère. Depuis quelques jours il y avait des désertions sans nombre ; les rangs s'éclaircissaient à vue d'œil ; on menaçait déjà de ne plus répondre au rappel, si tous les citoyens, quels qu'ils fussent, ne marchaient pas.

On avait affiché cet ordre du jour : « *Les réfractaires se rendront, sous vingt-quatre heures, dans les casernes de leur quartier, sous peine de mort.* »

Mais cette menace n'avait pas grossi les rangs ; on se cachait, on fuyait.

Adolphe Ducharme fut à cette heure plus lâche que les fédérés qui avaient frappé les deux frères ;

il les frappa de son abandon. Il crut tout pacifier en disant :

— Qu'on les juge et qu'on les condamne à huit jours de poste avancé et à marcher en avant au premier combat.

Là-dessus, il s'éloigna en toute hâte.

Les fédérés voulaient du sang ; il fallait à ces misérables des distractions violentes : le peuple s'était fait Héliogabale, il voulait voir le spectacle des affres de la mort. Une cour martiale dérisoire se forma en cercle sinistre autour des deux frères. Ils virent qu'ils étaient perdus ; ils s'embrassèrent.

— Vois-tu cette canaille-là? dit un des fédérés, ça s'embrasse comme du pain pour nous braver.

— Il faut nous amuser, dit un autre; nous allons les forcer de fraterniser avec nous ; qu'on apporte du vin, ils trinqueront à la Commune.

Cette fois, le frère aîné prit la parole :

— Nous ne boirons pas avec vous, nous ne boirons pas à la Commune.

— Ils boiront! ils boiront! ils boiront! cria-t-on de toute part.

Deux vivandières étaient survenues : c'était le vin et l'eau-de-vie.

— Du vin ! du vin ! dit un fédéré, c'est rouge, c'est beau, c'est patriotique ; ça leur mettra un peu de rouge sur les joues à ces blancs-becs.

La vivandière qui portait l'eau-de-vie, c'était Fine-Champagne. Quoiqu'elle répétât vingt fois par jour à Carnaval : « Tout pour la Commune ! » hormis sa vertu, — car la vivandière avait des mœurs, — elle n'était pas si patriotique que cela ; elle croyait tout bêtement qu'il y avait de bons diables dans tous les camps ; elle n'avait point de haine préconçue ; aussi vit-elle avec un vrai chagrin les deux malheureux réfractaires.

Elle courut vers Carnaval, qui était en train de disposer une batterie.

— Ah ! mon cher Carnaval, dit Fine-Champagne tout effarée, il y a là-bas deux pauvres garçons qui ont déjà passé un mauvais quart d'heure et qui sont peut-être à leur dernière minute ; il faut venir les sauver.

Carnaval était toujours prêt pour une bonne action — comme pour une mauvaise action ; — un véritable avocat de toutes les causes.

Quand il arriva devant la cour martiale, la cause des deux frères était perdue : elle n'avait pas été entendue; mais c'est l'histoire de beaucoup de jugements révolutionnaires.

On avait fait subir aux deux frères « le supplice du vin; » je m'explique : ils n'avaient pas voulu boire à la santé de la Commune; alors tous les ivres-fous du tribunal leur avaient jeté à la face le fond de leurs verres.

C'était déjà l'image du sang.

— Qu'est-ce que c'est que cela? dit Carnaval en arrivant comme le tonnerre.

— Ça, dit le président de la cour martiale, un fanatique des barrières, qui s'était nommé capitaine à lui tout seul; ça, c'est des réfractaires; nous venons de les condamner à mort, car la loi n'est pas faite pour les chiens. Va-t'en à tes canons, car il n'y a pas d'appel quand nous jugeons.

Et se tournant vers un groupe de fédérés :

— Le peloton d'exécution a-t-il l'arme au bras?

— Oui, mon capitaine, répondirent dix voix.

— Eh bien, qu'on fasse son devoir. C'est ce soir votre jour de rentrée, vous direz dans tout Paris que nous ne badinons pas avec les réfractaires. Il faut des exemples pour ramener les j—f— à la raison.

— Un instant! cria Carnaval, je ne veux pas

laisser fusiller ces enfants-là sans que le colonel confirme la sentence.

— Le colonel s'en lave les mains. Il me l'a dit tout à l'heure.

— C'est impossible, le colonel ne se lave pas les mains dans le sang; je vais l'appeler.

Et Carnaval, s'éloignant de quelques pas, fit trembler les airs par sa voix de canon.

Mais ce fut alors que trois ou quatre fédérés, craignant que leurs victimes ne leur échappassent, les traînèrent contre le mur d'un jardin et commandèrent le feu.

Quand Carnaval revint tout épouvanté aux premiers coups de fusil, il était trop tard, les deux frères étaient tombés dans les bras l'un de l'autre.

— Ma mère! — Maman! murmuraient-ils en expirant.

— Je n'en suis plus! s'écria Carnaval. Je passerais plutôt à l'ennemi.

Parlant ainsi, il saisit le premier fédéré qui avait tiré; le renversa d'un coup de poing et lui brisa son fusil sur l'épaule.

C'était un abominable coquin.

Il se traîna à genoux devant Carnaval, qui déjà avait saisi un autre fédéré du même tonneau.

Celui-là se nommait Cassecou, un voyou qui était cruel par lâcheté. Carnaval le fit tourner sur lui-même et le lança à dix pas de là contre le mur du jardin, mais les mauvaises bêtes ont la vie dure.

On se jeta en nombre sur Carnaval, car on le connaissait à ses heures de colère. Il se débattit comme un lion, mais on finit par l'entraîner.

Le groupe touchant des deux frères n'attendrit pas les communeux. C'était dans les bras l'un de l'autre qu'ils voulaient aller retrouver leur père au ciel, car ils n'avaient plus que leur mère. Le père était mort à la Malmaison, tué par les Prussiens. La mère ne vivait plus que pour ses deux fils.

Mais les fédérés les séparèrent pour les mieux achever, pour défigurer ces belles têtes studieuses et candides.

Ce n'était pas encore assez. Un fédéré les accusa d'espionnage.

— Voyez plutôt. Fouillez-les !

Cet homme fouilla le premier. Il prit une montre.

— Voyez-vous ; ces gens-là ne se refusent rien. Une montre en or !

Il la mit dans sa poche.

— Un portefeuille ! dit un autre. Ah ! ah ! des billets doux !

Il déploya, en éventail, quelques billets de cinquante et de vingt-cinq francs.

— Vous voyez bien que c'est des espions.

On trouva une lettre, ou plutôt un brouillon de lettre plié en deux.

— Voilà une preuve.

— Qu'on lise la chose.

L'homme ne savait pas lire.

— L'écriture est en pattes de chat : je ne lis pas ces griffes-là.

Un jeune fédéré se présenta pour lire « la chose. »

Chère mère,

Nous étions encore découverts. Nous partons avec la blanchisseuse. Tu nous aimes trop pour que Dieu ne veille pas sur nous. Quand tu rentreras chez nous, nous serons peut-être déjà à Bougival, dans notre pauvre petite maison ruinée. Tu viendras nous y rejoindre. Comme nous serons heureux de respirer enfin, car depuis un mois nous ne vivions plus. Émile retrouvera là-bas sa palette et moi mes livres de mathématiques. Tu te souviens que mon père disait : « *Il y a une chose qui console de tout, c'est le travail!* » *Au revoir, chère mère. Viens bien vite. Quand tu n'es pas avec nous, l'air vif nous manque. Comme tu seras heureuse de nous retrouver dans le petit jardinet où chaque brin d'herbe te parlait de nous quand nous étions séparés. Nous t'embrassons avec nos lèvres et avec nos âmes.*

ÉMILE — LÉON

XIII.

POURQUOI FINE-CHAMPAGNE FIT LE SIGNE DE LA CROIX.

> Qu'est-ce qu'un général ? Rien. Qu'est-ce qu'un soldat ? Tout.
> *Constitution de l'an I de la Commune.*
>
> Vous aurez beau faire pour soulever le monde, si vous ne prenez pas votre point d'appui dans le ciel.
> Joseph de Maistre.

Les communeux ne furent pas tous désarmés par la lettre des deux frères ; un caporal qui n'avait pas compris s'écria :

— On avait bien raison de dire que c'étaient des espions !

— Eh bien ! moi, dit un fédéré, touché malgré lui, je trouve qu'on les a fusillés trop vite.

— Allons donc ! s'écria un sous-lieutenant, ci-devant étameur de casseroles, il n'y a que la Terreur qui nous sauvera de Versailles.

— Il a raison, dit celui qui avait volé la montre, qu'est-ce qu'il chante donc là, celui qui lit ce papier ?

— Du sentiment ! des bêtises ! dit un autre.

— Après ça, ils pourront s'embrasser dans l'autre monde.

— Tais-toi, jésuite ! Tu sais bien qu'il n'y a pas un autre monde. N I ni, c'est fini. Regarde-moi ces beaux messieurs. Tu peux dormir tranquille, ils ne reviendront pas.

A cet instant, l'Amazone, suivie de Thermidor, revenait d'une reconnaissance. Elle sauta à bas de son cheval pour voir les deux fusillés.

Elle s'indigna :

— Qui donc a ordonné cette exécution ?

— La cour martiale.

— Malheur ! malheur ! dit-elle avec emportement. Si la Commune fusille, elle sera fusillée.

Il sembla à Angéline Duportail, par une de ces visions de l'avenir qui passent aux heures suprêmes devant nos âmes, que des soldats de l'armée de Versailles la fusillaient contre un mur.

Elle regarda encore les fusillés :

— Qu'ils étaient beaux ! dit-elle tristement.

L'Amazone mit pieusement son voile sur la

figure des deux frères, pendant que Thermidor, qui ne cachait pas ses sentiments, lui léchait la main.

Elle était remontée à cheval en proie à une profonde tristesse. Jusque-là elle n'avait vu la mort qu'en combattant; mais ce spectacle des deux frères fusillés la remua dans ses entrailles de femme.

Une larme tomba de ses beaux yeux, ce qui indigna un caporal des fédérés.

— La bourgeoise pleure sur le sang des réfractaires, dit-il. Il faudra avoir l'œil sur elle.

Cependant quelques communeux causaient devant les cadavres des deux frères; c'était le peuple souverain. On a recueilli leurs opinions qu'on va traduire ici dans une langue un peu moins patriotique, car ces messieurs parlaient dans le style du *Père Duchesne*.

PREMIER COMMUNEUX.

C'est bien peu de chose que de nous : en voilà deux qui étaient debout il n'y a qu'un instant et qui vont rester couchés pour toujours.

DEUXIÈME COMMUNEUX.

Ils ressusciteront s'ils ont été bien sages.

TROISIÈME COMMUNEUX.

Allons donc ! Est-ce qu'il faut croire encore à ces fariboles-là ! C'est pour faire peur aux enfants.

QUATRIÈME COMMUNEUX.

Eh bien, moi, on en dira ce qu'on voudra, je crois à l'autre monde.

CINQUIÈME COMMUNEUX.

Si nous buvions un coup !

CHŒUR DE FÉDÉRÉS.

Buvons !

PREMIER COMMUNEUX.

Idiot ! tu n'as donc jamais entendu parler des séances de l'Académie des sciences ? Tu ne connais donc pas les générations spontanées ; puisqu'il n'y a pas besoin de Créateur pour créer les bêtes, c'est qu'il n'y a pas de bon Dieu.

QUATRIÈME COMMUNEUX.

L'homme n'est pas tout à fait une bête.

PREMIER COMMUNEUX.

C'est bien pis !

QUATRIÈME COMMUNEUX.

Tu as raison, car si l'homme était une bête, il ne serait pas si méchant ; il ne se jetterait pas dans une guerre fratricide, il ne tuerait pas à bout portant deux pauvres garçons comme ceux qui sont là.

PREMIER COMMUNEUX.

Allons, je te reconnais bien, tu vas verser des larmes de crocodile, comme la Défense nationale. Il faut de l'énergie ; si tu n'es qu'une femme, va te coucher, tonnerre de Dieu.

QUATRIÈME COMMUNEUX.

J'ai la prétention d'être un homme ; c'est pour cela que je suis triste de tout ce que je vois.

DEUXIÈME COMMUNEUX.

Si tu n'es pas content, toi, tu es difficile. Avec un gouvernement comme celui de l'Hôtel-de-Ville et des citoyens comme nous, Paris devient une vraie famille.

QUATRIÈME COMMUNEUX.

Oui, c'est toujours la famille d'Adam : Caïn tue Abel.

TROISIÈME COMMUNEUX.

C'est la faute du bon Dieu, nom de Dieu !

DEUXIÈME COMMUNEUX.

Ne parlons pas des absents.

PREMIER COMMUNEUX.

Jamais nous n'avons été si bien gouvernés. N'a-t-on pas brûlé la guillotine ?

QUATRIÈME COMMUNEUX.

Regarde ces deux cadavres.

PREMIER COMMUNEUX.

C'est le gouvernement de la justice : la maison de Thiers, la Colonne, le Monument expiatoire. Et ce n'est que le commencement.

QUATRIÈME COMMUNEUX.

Le commencement de la fin ! Rira mal qui rira le dernier.

CINQUIÈME COMMUNEUX.

Si nous buvions un coup ?

CHŒUR DE FÉDÉRÉS.

Buvons !

DEUXIÈME COMMUNEUX.

Oh ! je sais bien pourquoi le citoyen Marié n'est pas content ; il a voulu du galon, on ne lui en a pas donné.

QUATRIÈME COMMUNEUX.

Moi, du galon ? Je ne suis pas si bête ; les premiers sont les derniers. Qu'est-ce qu'un chef ? rien ; qu'est-ce qu'un soldat ? tout. Par exemple, toi, qui es caporal (sauf le respect que je te dois), n'es-tu pas à mes ordres ? Tout est si bien organisé par la souveraineté du peuple, que c'est toi, mon caporal, qui commandes à lui, mon sergent.

Le sergent-fourrier tremble devant le sergent-major, parce qu'il pourrait bien être repris pour ses additions. Le sous-lieutenant obéit aux sous-officiers, parce qu'il a peur de la réélection. Entre le sous-lieutenant et le capitaine, il y a le lieutenant : un zéro. Le capitaine obéit à toute sa compagnie ; le commandant obéit à son ordonnance, parce que son ordonnance est plus fort que lui, et que le cas échéant il pourrait recevoir une volée. Je ne parle pas de notre colonel, le citoyen Ducharme, qui obéit à sa maîtresse, la citoyenne Duportail. Si bien que c'est le soldat qui commande le sous-officier, le sous-officier qui commande l'officier.

PREMIER COMMUNEUX.

Dis donc, toi là-bas, tu veux faire le malin.

QUATRIÈME COMMUNEUX.

Est-ce que nous n'avons pas la liberté de la presse?

CINQUIÈME COMMUNEUX.

Nous ne buvons pas.

CHŒUR DE FÉDÉRÉS.

Buvons !

DEUXIÈME COMMUNEUX.

Oui, mais nous supprimons les journaux mal

pensants. Ce serait bien la peine de laisser la parole aux réactionnaires et aux jésuites comme toi.

QUATRIÈME COMMUNEUX.

Moi ! je suis républicain comme Jésus-Christ, tonnerre de Dieu !

TROISIÈME COMMUNEUX.

Tu vois bien : te voilà encore avec tes fables. Tant qu'il restera une église debout, la France sera humiliée.

QUATRIÈME COMMUNEUX.

Et les Prussiens ? Va, nos ennemis ne sont pas dans l'église, ils sont hors l'église.

PREMIER COMMUNEUX.

Allez, mes enfants, le vieux monde a fait son temps ; nous aurons bientôt de l'instruction pour tous et de la fortune pour tous. Arrière les accapareurs.

QUATRIÈME COMMUNEUX.

Tu as bien raison ; pourquoi donc écrirait-on le mot *égalité* si on souffrait encore une inégalité ? Par exemple, toi, qui n'as jamais travaillé, ne partagerais-tu pas un peu avec M. de Rothschild, M. de Girardin et M. Thiers, trois fainéants qui se lèvent à quatre heures du matin ?

PREMIER COMMUNEUX.

Je n'ai jamais travaillé ! C'est parce que j'ai donné tout mon temps à l'émancipation du peuple; la société nous payera sa dette.

QUATRIÈME COMMUNEUX.

En attendant, tu devrais bien me rendre les trois francs que je t'ai prêtés hier.

DEUXIÈME COMMUNEUX.

Pourquoi faire ?

QUATRIÈME COMMUNEUX.

J'ai mes vieilles idées, moi ; je n'aime pas qu'on enterre les hommes comme des chiens. Je ne suis qu'un pauvre diable de menuisier, je n'ai pas, comme toi, horreur du travail ! Toi, tu es éloquent dans les clubs; moi, je suis éloquent avec mes mains. Donne-moi ce que tu me dois, j'irai acheter huit planches, et je ferai, séance tenante, un cercueil pour les deux réfractaires.

TROISIÈME COMMUNEUX.

Il a raison.

CINQUIÈME COMMUNEUX.

S'il a raison, c'est qu'il a bu. Buvons ! nom de Dieu !

CHŒUR DE FÉDÉRÉS.

Buvons du vin de Tonnerre — de Dieu !

DEUXIÈME COMMUNEUX.

Quand on est mort, on a expié ses crimes ; va pour le cercueil ; moi, je souscris pour cinquante centimes.

A ce moment, la demoiselle Fine-Champagne, qui était venue jeter un regard de regret sur les deux frères, et qui avait entendu les dernières paroles des communeux, s'écria :

— Moi, je souscris pour cent sous.

Et elle fit le signe de la croix, ce qui indigna le premier communeux.

Ce ne fut pas le seul signe de la croix. On vit arriver une femme tout en noir, qui s'était attardée à cueillir des marguerites et des violettes.

C'était la Voyante.

— Voilà la sorcière ! voilà la sorcière ! cria-t-on de toutes parts.

Elle ne répondit pas.

Elle traversa gravement le premier groupe des fédérés, comme si elle ne dût pas s'arrêter parmi eux.

Mais tout à coup, à la vue des deux frères fusillés, elle devint plus pâle encore et tomba agenouillée devant eux.

Elle pria.

Elle répandait autour d'elle je ne sais quoi de mystérieux, qui imposait le respect même de ceux-là qui n'ont plus de respect pour rien.

On lui permit donc de prier. Comme l'Amazone, elle s'écria :

— Malheur ! malheur !

Et elle fit le signe de la croix.

— Dis donc, la femme noire, dit le sous-lieutenant, est-ce que c'est pour moi que tu fais le signe de la croix ?

— C'est pour vous et pour tous vos hommes, répondit-elle sans peur. Aucun de vous ne survivra qui a trempé ses mains dans le sang de ces victimes.

Les fédérés se mirent à rire, mais, tout en riant, beaucoup d'entre eux firent une horrible grimace.

Le plus effrayé, pour se donner une contenance martiale, s'approcha de la vivandière.

— Toi, dit-il à Fine-Champagne, si tu fais encore de ces singeries-là, je mets ton tonneau sous le séquestre.

— Oui, oui, dit Fine-Champagne, nous connaissons vos manières ; le séquestre, ce sera ta gueule.

Nous finirons à ce beau mot cette conversation à perte de vue.

Ainsi parlait le peuple souverain pendant sa souveraineté, marquant les points et les virgules par des demi-setiers.

Quatre chenapans, un brave menuisier qui avait de l'esprit dans sa raison, et une faubourienne toute pétrie de bons sentiments, digne de la noble corporation des vivandières ; total : deux cœurs contre combien de ventres !

XIV.

COMMENT CARNAVAL PERDIT THERMIDOR.

> Je ne me consolerai jamais d'avoir perdu mon chien, car mon chien n'aurait pas perdu son maître.
> STERNE.

Le dimanche de l'entrée des troupes régulières tout Paris était endimanché. Nul ne songeait que la catastrophe fût si prochaine; on se flattait encore que les Parisiens de Versailles ne reverraient leur Paris qu'après avoir fait amende honorable. Cependant, pour quiconque savait voir, le vieux navire de Lutèce faisait eau de toutes parts, les rats seuls, qui ont le museau fin, décampaient plus ou moins gaiement : témoin Rochefort, Pyat, Bergeret lui-même; mais la plupart des passagers croyaient au lendemain en s'endormant dans la tempête.

Ce dimanche-là il y eut encore trois ou quatre

festins sérieux : un à l'Hôtel-de-Ville, un au ministère de la Marine, un à l'Élysée, enfin un au parc de Neuilly.

Au parc de Neuilly, c'était un festin donné par Adolphe Ducharme à Dombrowski, avec Angéline Duportail comme trait d'union.

Quelques femmes bien pensantes étaient venues émailler le tour de la table.

On y remarquait le capitaine Grain-de-Sel, le commandant Cœur-de-Roi et le lieutenant Lavallée, surnommé Midi-à-quatorze-heures, trois b—b— s'il en fut. Quelques femmes légères, plus ou moins maîtresses de ces grands citoyens, s'étaient aventurées jusque-là : Mlles Vas-y-donc, Cigarette et Souillon. La Grande-Chaourse s'était esbignée avant l'heure.

Ce qui manqua le plus à cette petite fête ce fut le dîner lui-même.

Carnaval, Thermidor et Fine-Champagne étaient allés le chercher à Paris, mais Fine-Champagne seule était revenue. Elle avait rapporté le café, les liqueurs, les glaces, les fruits confits, les tartes à la crème, les langues de chat, les croquignoles et autres colifichets ; mais on ne dîne pas avec cela en temps de guerre.

Carnaval devait rapporter des volailles toutes rôties, des jambons d'York, de Mayence et de Bayonne, tout ce qui constitue l'état-major d'un dîner de campagne.

Thermidor devait rapporter les journaux de la Commune. C'était son travail quotidien depuis deux mois : il n'était pas encore enragé.

Mais Carnaval n'était pas revenu, non plus que Thermidor.

Que pouvait bien faire Carnaval à Paris?

— Voyez-vous, disait Fine-Champagne qui le défendait toujours, et qui, ce jour-là, était plus irritée que de coutume, cet homme-là — pour être un fidèle historien, il faudrait dire ce cochon-là — périra par ses passions; j'ai beau le ramener à la vertu, il retombe toujours dans le bourbier. Ah! s'il n'était pas si bon diable, il y a longtemps que je ne lui verserais plus à boire; qu'il s'avise de me demander ce soir mon robinet! Il s'y cassera les dents.

On se contenta, après avoir attendu plus d'une heure, de la cuisine des fédérés : Dombrowski n'était pas gourmand, il se nourrissait bien plutôt des victoires et conquêtes que lui promettaient ses troupes.

Le colonel Ducharme, très-sévère pour ses hommes, pardonnait tout à Carnaval.

Et pourtant Carnaval égayait un peu trop les misères de la guerre civile par ses passions à l'emporte-pièce.

Jamais homme ne respecta moins le bien d'autrui. Quand on lui disait : Tu t'attaques à une femme mariée, il répondait : Toutes les femmes sont mariées plus ou moins ; quand on s'attaque à une femme, elle est toujours sous puissance d'un homme.

Carnaval ne s'inquiétait donc pas beaucoup de la cérémonie du mariage.

— Surtout, disait-il, depuis que le mariage civil fait des pieds-de-nez au mariage religieux.

Mais quand sa dame n'était pas mariée il disait tout simplement comme Molière :

— Je prends mon bien où je le trouve.

Le dimanche 21 mai, on fut donc bien surpris de ne pas voir revenir Carnaval à l'heure du dîner.

Pourquoi ne revenait-il pas ? C'est que sur le boulevard des Martyrs il avait vu, toute pimpante à sa fenêtre, une corsetière qui ne portait pas de corset.

Comme il avait tourbillonné avec elle à l'Élysée-Montmartre, il s'imagina qu'il serait bien reçu s'il frappait à sa porte. Il oublia la discipline pour n'obéir qu'à « son cœur. »

Bien mieux, il oublia son cher Thermidor, qui gambadait avec quelques camarades du quartier.

Carnaval monta l'escalier et frappa. La dame vint ouvrir.

— Que voulez-vous, citoyen ?

— Ce que je veux, c'est vous.

Et il entra tambour battant.

— N'est-ce pas, la belle enfant, que voilà une belle manière d'entrer en danse ? Après ça, quand on a valsé ensemble...

— C'est égal, citoyen, vous vous trompez de porte ! j'attends mon amoureux.

— Votre amoureux, c'est moi, s'écria Carnaval; pourquoi diable attendrais-tu l'autre, pour manger la soupe ?

Carnaval avança le nez pour respirer une savoureuse odeur de soupe aux choux et au lard qui se répandait dans la pièce voisine.

— C'est dit, n'est-ce pas ? tu m'invites à dîner ? Ce n'est pas plus difficile que ça.

Et là-dessus, prenant la dame avec un peu de violence, il fit un demi-tour de valse.

La corsetière qui en attendait un autre ne savait si elle devait éclater de fureur ou si elle devait éclater de rire.

— Voyons, monsieur Carnaval, c'est bon à l'Élysée-Montmartre; mais chez moi, c'est de la folie !

— Ton vin est-il bon ? Diable ! du vin cacheté !

— Oui-da; mais j'ai perdu le tire-bouchon.

Carnaval prit la bouteille :

— Tiens, regarde-moi : voilà le tire-bouchon d'Adam.

Disant ces mots, Carnaval mit le goulot dans sa bouche et coupa le verre comme avec un diamant.

Sans doute, ce petit dîner à deux dura plus longtemps que la consigne. A huit heures, on n'avait pas encore revu Carnaval à l'état-major de Cœur-de-Lion.

— A quoi pense Carnaval ? disait-on d'une bouche affamée.

Le vin de la corsetière était un joli bourguignon qui avait le diable au corps. Un vrai vin des dimanches.

A la seconde bouteille, Carnaval était gai.

A la troisième, il chantait.

A la quatrième, il roulait sous la table, voulant entraîner la corsetière.

A la cinquième...

— Oh ! mon Dieu, s'écria-t-il tout à coup, j'ai perdu Thermidor !

XV.

POURQUOI DIANE FIT UNE PARTIE DE CAMPAGNE DE VERSAILLES A PARIS.

> Un peuple n'a qu'un ennemi dangereux, c'est son gouvernement.
> SAINT-JUST.

> Un gouvernement n'a qu'un ennemi dangereux, c'est le peuple.
> JOSEPH DE MAISTRE.

Ce jour-là Paris et Versailles, qui ne croyaient pas que ce fût le jour décisif, étaient pourtant dans une vague inquiétude. C'était le calme qui annonce l'orage : tout le monde s'interrogeait. On forgeait des nouvelles. A Versailles, on était sûr de vaincre ; à Paris on était sûr de résister.

Diane Ducharme se promenait, insoucieusement, dans le parc de Versailles avec une de ses amies, une comédienne des Bouffes-Parisiens. Une douce quiétude caressait le front de Diane. Que lui importaient à elle les déchirements de la patrie pourvu que sa robe allât bien. Elle était née pour être belle, partant pour être aimée : quoi qu'il arrivât, ne serait-elle toujours pas belle et aimée ? Elle regrettait son frère, elle courait risque de ne le plus revoir ; mais elle se disait gaiement : « Adolphe est né coiffé. » Elle n'avait jamais été si jolie que ce jour-là.

Elle s'arrêtait devant toutes les statues et demandait à son amie si elle n'était pas plus jolie que les déesses. Comme elles arrivaient toutes les deux devant la *Cléopâtre*, un jeune détaché d'ambassade, qui avait servi l'Empire et qui espérait servir la République, s'approcha des deux amies.

— Comme je comprends Marc-Antoine ! dit-il amoureusement ; si j'avais été César, j'aurais voulu être Marc-Antoine pour mourir avec Cléopâtre.

— J'ai déjà remarqué, dit Diane Ducharme, que dans cette ville de Versailles, les hommes sont plus amoureux des femmes de marbre, que des femmes de chair.

— Tu te trompes, dit son amie d'un air ingénu ; nous avons ici des filles de marbre qui sont fort courtisées.

— Ne jouons pas sur les mots. Je te dis qu'à

Versailles, les hommes ont une dévotion pour les femmes de l'antiquité. Je suis jalouse d'une certaine Vénus à la coquille, qui se baigne en plein jour dans un bassin : mon amant va la voir avec dévotion.

— Chut! dit la comédienne ; tu dis mon amant comme tu dirais mon confesseur.

— C'est à peu près la même chose, puisque je lui dis tout, hormis ce que je ne veux pas me dire à moi-même.

— Je voudrais bien être votre amant, mademoiselle, dit le détaché d'ambassade ; je vous jure que vous me diriez ce que vous ne voulez pas dire.

— Mon amant ! Je crois, monsieur, qu'il vous faudrait beaucoup de patience.

Le détaché d'ambassade, qui avait de la littérature, répliqua par le mot de Bernis à Mme de Pompadour :

— Eh bien! madame, j'attendrai.

On causa de ceci et de cela.

La comédienne déclama ces beaux vers de Théophile Gautier :

> Versailles, tu n'es plus qu'un spectre de cité :
> Comme Venise au bord de son Adriatique,

> Tu traînes lentement ton corps paralytique,
> Chancelant sous le poids de ton manteau sculpté.
>
> Quel appauvrissement! quelle caducité!
> Tu n'es que surannée et tu n'es pas antique.
> Et nulle herbe pieuse, au long de ton portique,
> Ne grimpe, pour couvrir ta pâle nudité.
>
> Comme une délaissée, à l'écart sous ton arbre,
> Tu guettes le retour de ton amant royal,
> Sur ton sein désolé, croisant tes bras de marbre.
>
> Hélas! il est fermé, le règne triomphal :
> Les eaux de tes bassins pour jamais se sont tues,
> Et tu n'auras bientôt qu'un peuple de statues.

— Oui, dit Diane, un peuple de statues, y compris les représentants du peuple.

On était arrivé, tout en babillant, sur le tapis vert. Diane noua son mouchoir sur ses yeux.

— Je parie une discrétion, dit-elle, que je vais en ligne droite jusqu'au bout du tapis vert.

Le détaché d'ambassade paria une discrétion.

A cette heure, il y avait là beaucoup de monde. Tous les yeux suivirent cette jeune folle, qui traînait en zigzag la queue de sa robe, les bras en avant, riant et parlant comme si elle eût été chez elle. Quelques-uns la montraient du doigt, en disant que c'était la digne sœur d'un colonel de la Commune.

Mais elle triomphait de tout par sa beauté. La beauté défie les injures, dit Saadi. Et puis, comment juger la femme avant qu'elle ait dit son dernier mot, comme Madeleine ?

Naturellement, la jeune folle n'alla pas loin sur le tapis vert ; à peine en route elle tourna court ; et si on n'eût crié : Au loup ! elle se fût jetée contre le piédestal de la Sagesse armée, traduction libre la Pallas antique.

Elle rebroussa chemin, en levant la tête, pour voir un peu et retrouver la ligne droite ; mais après beaucoup de zigzags, elle fut sur le point d'échouer à la Vénus pudique.

— Prends garde, lui cria son amie, car la Vénus pudique ne te reconnaîtrait pas !

Diane Ducharme s'arrêta tout à coup en disant :

— J'ai perdu !

Elle jeta son mouchoir aux pieds du détaché d'ambassade.

Il le ramassa en disant :

— A moi le mouchoir !

Puis, s'approchant de la jolie folle, il lui rappela qu'elle avait perdu la *discrétion*.

— Je vous avertis, madame ou mademoiselle, comme il vous plaira, que je serai impitoyable. Je suis mauvais joueur, quand je gagne : il faut me payer plutôt deux fois qu'une.

— C'est dit, monsieur, je vous payerai deux fois. Ordonnez !

— Eh bien, mademoiselle ou madame, il me vient une idée fantasque. Naguère on allait de Paris à Versailles en partie de campagne; maintenant si vous voulez, nous ferons la partie de campagne de Versailles à Paris. Nous irons voir les gazons des squares et les roses des Tuileries.

— A propos, dit la comédienne toute joyeuse, il y a aujourd'hui concert aux Tuileries sans compter un grand festival sur la place de la Concorde. C'est une belle occasion : si vous voulez, je suis du voyage?

— Oui ! oui ! s'écria Diane Ducharme, en bondissant comme une biche; nous nous amuserons bien au milieu des fédérés, des vivandières et des dames de Ménilmontant tout endimanchées.

Le détaché d'ambassade aurait bien voulu faire le voyage tout seul avec Diane Ducharme toute seule; mais la comédienne était si bonne fille qu'il ne voulut pas la fâcher.

— C'est convenu, lui dit-il, je vous emmène toutes les deux ; je pars en avant pour faire atteler. Nous nous rejoindrons à l'hôtel des Réservoirs.

Trois heures après, une petite calèche s'arrêtait rue de Rivoli devant la cour des Tuileries, où il était presque impossible de pénétrer tant la foule y était tumultueuse et agitée.

Beaucoup n'avaient pu entrer aux Tuileries. On se rudoyait pour écouter au moins le concert par quelque fenêtre ouverte.

— Oh ! la ! la ! des Versaillais ! dit un gamin, en voyant descendre de la petite calèche le détaché d'ambassade et ses deux compagnes de voyage.

On faillit leur faire un mauvais parti ; mais le détaché d'ambassade, qui parlait allemand, dit qu'il était Prussien : la foule s'écarta respectueusement.

— Moi, dit Diane aux curieux, je suis Parisienne, — et pas Parisienne de Versailles !

— Ni moi non plus, dit la comédienne en donnant cent sous à un pauvre.

Le détaché d'ambassade bossua son chapeau et boutonna sa redingote pour masquer son linge.

Ils entrèrent aux Tuileries, dans la cacophonie la plus étrange qui se fût jamais entendue.

Les réceptions ne se passaient pas précisément comme au temps de l'Empereur.

Au lieu des cent-gardes, debout et respectueux dans leur dignité, on rencontrait cent fédérés plus ou moins couchés sur les marches.

Dans la salle des Maréchaux, on lisait, en entrant :

PEUPLE SOUVERAIN

CET OR EST TA SUEUR

CONDUIS-TOI EN CITOYEN DIGNE DE TOI

CAR TU ES ICI LE PEUPLE ROI

Cette proclamation était signée par le grand maréchal du palais, le docteur Rousselle : le médecin des fous ou le fou des médecins.

C'était dans la salle des Maréchaux que se donnait le concert central, car il y avait d'autres comités musicaux.

Par exemple, après la salle du buffet, la musique militaire jouait la *Marseillaise* et le *Chant du Départ* pour ceux qui aimaient la musique des batailles.

Dans toutes les pièces voisines, jusque dans le salon de l'Impératrice, il y avait des musiciens qui se donnaient des concerts à eux-mêmes. C'était le charivari révolutionnaire s'il en fut !

Ce qui faisait trembler dans leurs cadres les portraits des maréchaux, c'étaient les chopes de bière qu'on se passait de main en main à peu près comme si l'on se fût passé un programme ou un éventail.

Chaque fois que Mlle Agar avait dit une belle parole républicaine, on buvait un coup pour applaudir.

Chaque fois que la Bordas faisait retentir dans son large chant le mot de liberté, on applaudissait en cassant son verre.

Au milieu de toutes ces peuplades exaltées, il y avait çà et là des malins qui s'amusaient et de bonnes âmes qui s'étonnaient.

Les naïfs croyaient tout bêtement que les Tuileries seraient désormais le palais du peuple.

En effet, n'est-ce pas l'idéal de la souveraineté du peuple : une multitude de rois tous logés aux Tuileries?

Au fond le peuple ne veut pas supprimer la royauté, il veut être roi.

Diane et son amie la comédienne s'étaient assises à la bonne franquette, presque sur les genoux de deux fédérés.

— N'est-ce pas, mesdames, dit un de ces messieurs, comme c'est touchant de voir les Tuileries purifiées par le peuple?

— Oui, dit Diane avec une moquerie cachée, il y a enfin de la bonne compagnie dans le palais des rois.

— Et sans compter, citoyennes, que pour la première fois depuis tant de siècles, il y a des mœurs ! On ne voit ici que des mères de famille.

— Oui, reprit Diane, des mères de famille, même celles qui n'ont jamais eu d'enfants !

— Celles qui n'en ont pas eu méritent d'en avoir. Voyez comme c'est simple, comme c'est sage, comme c'est pur ! l'eau vous en vient à la bouche.

On passait alors le vin du tyran.

— Buvons à la vertu ! dit un fédéré avec enthousiasme.

Jeanne fit un bond et s'éloigna de lui.

— Dites-moi, monsieur le central, vous êtes bien excentrique ; tout en buvant à la vertu, vous lui donnez une fière entorse ! Est-ce que vous me prenez pour une vivandière ?

— Voyez-vous cette chipie ! dit le fédéré à son compagnon ; on ne peut pas seulement lui donner des poignées de main...

— Pas de confusion, monsieur; je reçois des poignées de main — dans la main, — et pas ailleurs.

Diane fit remarquer à son amie et au détaché d'ambassade que la République ne changeait pas les mœurs de la royauté ou de l'empire.

— C'est toujours la même chose, dit le jeune homme, qui tenait en respect les deux fédérés par l'impertinence de son regard. Bien avant Juvénal on s'est indigné contre les femmes; on aurait bien mieux fait de s'indigner contre les hommes, puisque c'est l'homme qui fait les mœurs de la femme.

Quand Diane se fut amusée à faire la satire de toutes les toilettes excentriques de la Commune endimanchée, elle parla de faire quelques visites dans Paris avant d'aller dîner au Café anglais ou à la Maison d'or.

On comprend bien que ce n'était pas pour voir sa mère, quoiqu'elle eût été bien heureuse de l'embrasser en passant.

c'était qu'elle était à tout jamais exi-

Mais elle sentait
lée des joies de la famille.

— Eh bien, dit le détaché d'ambassade avec ironie, nous allons demander nos gens.

Un des vingt maires de Paris, indigné d'entendre ce mot de l'ancien régime, dit au jeune homme, à brûle-pourpoint :

— Monsieur, il n'y a plus de gens, il n'y a plus que des citoyens et des frères.

— Eh bien, monsieur, dit le détaché d'ambassade avec impertinence, appelez vos frères !

— C'est un insolent, dit le maire, mais nous n'en sommes pas moins frères.

Et s'adressant à son voisin :

— N'est-ce pas, citoyen ?

— Je crois que vous vous trompez, citoyen, je suis fils unique.

Diane se fit conduire à l'hôtel du comte de Volnay, non pas pour renouer avec lui, mais par curiosité, pour affronter gaiement sa jalousie.

Elle ne savait rien de l'horrible drame de l'Élysée.

Le comte de Volnay n'était plus à l'hôtel ; on sait déjà que pour se venger d'Adolphe Ducharme, le frère de Diane s'était engagé dans l'héroïque compagnie des officiers de la mobile.

Il espérait qu'on aurait bientôt de ses nouvelles.

— Eh bien ! dit Diane, allons rue des Abbesses, à Montmartre, où je rencontrerai peut-être mon frère.

Rue des Abbesses, Diane ne trouva pas Adolphe Ducharme, mais elle vit Thermidor, qui pleurait devant la maison.

Termidor qui s'était perdu avait tenté de franchir la porte des Ternes. Un garde national, qui n'était pas l'ami des chiens, l'avait menacé d'un coup de chassepot. On l'avait vu errer longtemps à la barrière ; il s'en était revenu, tout désolé, rue des Abbesses, espérant retrouver son maître.

Voilà pourquoi Thermidor fut séparé du colonel Ducharme pendant les batailles de la semaine infernale.

XVI.

LA ROBE NOIRE.

> N'est-il pas étrange de voir les filles d'Ève toujours préoccupées de leurs robes, quand leur grand'mère était si peu habillée ?
>
> VIOLETTE DE PARISIS.

Diane caressa Thermidor et lui demanda des nouvelles de son maître.

Quand elle remonta dans la victoria, Thermidor y sauta sans façon, quoiqu'il y eût déjà deux personnes.

Thermidor n'était pas chien à se gêner ; la Commune lui avait donné partout ses grandes entrées ; comme si les mots : *Liberté, Égalité, Fraternité*, fussent écrits aussi pour lui.

Le détaché d'ambassade le mit poliment à terre. Mais Thermidor ne se le tint pas pour dit : il sauta une seconde fois dans la voiture.

— Qu'est-ce que cela fait ? dit Diane ; il viendra

dîner avec nous; c'est une si brave bête! sans compter que s'il nous arrivait quelque chose nous n'aurions qu'à nous recommander du chien de Cœur-de-Lion; tout le monde s'inclinerait devant nous.

Quoique Diane ne songeât pas à monter chez sa mère, elle voulut pourtant que la voiture passât rue Saint-Lazare.

Elle leva la tête devant cette maison où elle n'avait fait que paraître et disparaître; elle ne vit ni sa mère ni sa sœur aux fenêtres, quoique les fenêtres fussent ouvertes.

La victoria roulait à toute vapeur, quand Jeanne s'écria :

— Oh! les belles robes ! »

C'était bien le cri d'une fille d'Ève.

Elle ordonna au cocher de s'arrêter à un magasin de nouveautés, pour y chiffonner de la soie.

La comédienne eut beau vouloir la rappeler à des idées plus sérieuses, elle entra gaiement; elle baigna ses yeux et noya ses mains dans une avalanche d'étoffes de toutes les couleurs. Elle y trouvait une vraie volupté. Il fallut qu'on déployât pour elle tous les trésors lyonnais et indiens.

Elle en était encore à ne savoir pas quelle robe elle prendrait, pareille à la jeune fille qui ne se marie pas parce qu'elle reste toujours indécise entre ses amoureux, quand une nouvelle figure entra dans le magasin.

C'était sa sœur.

— Marguerite ! s'écria-t-elle en pâlissant.

Elle se cacha à demi dans son ombrelle.

Marguerite Ducharme n'allait pas du côté des robes de soie; elle venait demander un peu de vieux linge pour faire de la charpie.

Diane, à ce mot de charpie, rejeta les robes et courut à sa sœur.

— Marguerite, Marguerite, lui dit-elle doucement, ne m'empêche pas de t'embrasser.

Et elle embrassa Marguerite avant que la jeune fille eût eu le temps de la reconnaître, car on était déjà dans les demi-teintes du soir.

Quand Marguerite reconnut Diane, elle lui dit, avec sa douceur angélique :

— Je prierai Dieu pour toi.

Cette scène se passa en quelques secondes. Presque au même intant, Diane entraîna la comédienne et retrouva l'attaché d'ambassade qui fumait à la porte.

— Eh bien, mademoiselle, lui demanda-t-il, avez-vous trouvé une robe?

— Oui, répondit-elle, une robe noire.

. . . .

Thermidor avait quitté Diane pour Marguerite, en chien bien avisé.

Marguerite, rentrée à la maison, fit de la charpie pour les blessés; elle pensait à Diane et caressait le chien de son frère.

Elle n'osait parler de sa rencontre à sa mère.

Elle regrettait de n'avoir pas forcé sa sœur à venir implorer son pardon.

Tout à coup, il lui sembla voir des taches de sang sur la charpie.

— Tu me fais peur, dit la mère; il me semble que j'en vois aussi! C'est le sang de ton frère!

— Non, maman; c'est le sang d'Eugène Henryet.

La cuisinière survint; elle avait entendu.

— Ne vous inquiétez pas, dit-elle avec un franc sourire, c'est mon sang que vous avez vu là!

— Votre sang!

— Oui, mon sang!

Et Marianne montra un revolver.

— Voyez-vous, reprit-elle, mon homme est trop malheureux là-bas pour que je ne le venge pas!

Si les Versaillais entrent à Paris, je veux tuer un de leurs chefs !

— Vous êtes folle, Marianne !

Marguerite voulut saisir le revolver.

— Non, mademoiselle, ne jouez pas avec les armes à feu. Je ne frapperai que si votre frère le colonel est tué.

— Un de leurs chefs ! répétait Marguerite. Et si le capitaine Henryet passait devant vous ?

— Oh ! celui-là est sacré.

Marguerite était bien malheureuse. Elle appelait son frère et son fiancé : le désespoir seul venait à elle. Que pouvait-elle espérer ? Son frère ne lui permettrait plus d'épouser Eugène Henryet ; le mariage n'était possible que si son frère mourait dans la bataille ; or, elle aimait trop son frère pour accepter le bonheur sur son tombeau.

XVII.

CANONNADES ET FUSILLADES.

> Combien de héros anonymes qui ne rendraient pas des points à Bayard.
>
> Paul-Louis Courier.

Le dieu Hasard, qui est un railleur perpétuel, voulut que, dans cette bataille de Versailles contre Paris, Eugène Henryet et Adolphe Ducharme se rencontrassent à une barricade.

Les deux camarades de Saint-Cyr, les deux combattants de la guerre du Mexique ne devaient se retrouver que pour se frapper sans merci ! l'un au nom du droit, l'autre au nom de la révolution.

Eugène Henryet ne pensa pas qu'il rencontrerait Adolphe Ducharme, en entrant à Paris, mais il pensa qu'il passerait devant la maison de Marguerite, car le quartier Saint-Lazare était bien la route stratégique indiquée par son général.

Que dirait-il à Marguerite ? Que lui dirait Marguerite ?

Il n'avait pas eu de ses nouvelles depuis leur rencontre devant la statue de Louis XIV. On écrivait peu sous la Commune, parce qu'on ne savait pas à qui confier ses lettres ; on attendait toujours au lendemain pour avoir le droit de vivre de son âme et de son cœur. On subissait une tempête morale, qui jetait le trouble dans toutes les idées et dans tous les sentiments.

Eugène Henryet ne savait rien du drame de l'Élysée. Une seule fois il avait revu le comte de Volnay, mais le comte de Volnay ne disait rien à qui que ce fût de la tragique aventure.

René espérait que la nuit de deuil qui passait sur Paris masquerait tous les événements intimes. Il n'avait alors qu'une idée : tuer Adolphe Ducharme. Voilà pourquoi il s'était engagé dans la célèbre compagnie des officiers de la mobile de la Seine.

Il y avait droit d'asile, puisqu'il avait été lieutenant au 16e bataillon.

Le comte de Volnay voulait venger sa sœur et oublier l'oublieuse Diane.

Car il aimait Diane ! C'était là sa seconde punition.

Cependant l'armée était entrée à Paris.

Le capitaine Henryet, sous les ordres de Ladmirault, avait balayé toute une horde de fédérés s'embusquant à chaque barricade.

Le sort allait donc le jeter en pleine légion Ducharme.

Ne voyant pas paraître son ancien ami parmi les plus exaltés, il espéra qu'Adolphe avait reconnu le néant de cette défense et qu'il était allé dans la friperie où les membres prudents de la Commune changeaient de costume.

Mais Cœur-de-Lion voulait vaincre ou mourir.

D'un peu loin, on a pu s'imaginer que les bataillons fédérés formaient une armée sérieuse. C'est la force des fantômes : si on les fuit, ils sont terribles ; si on les brave, ils s'évanouissent. Le colonel Rossel, le général Dombrowski, le chef de légion Ducharme, trois ou quatre autres encore, savaient bien qu'ils ne résisteraient pas à des soldats ; mais comme le pilote qui s'est embarqué sous la nuée, ils voulaient lutter et périr dans la tempête, sinon pour l'honneur de la Commune, du moins pour l'honneur de leur nom.

Ceux-là étaient les braves.

La fuite de Rochefort porta un coup terrible

aux défenseurs de Paris. « Le voilà qu'il fait le malin, dit-on de tous côtés ; s'il s'en va, c'est que tout est perdu. » On remarqua le lendemain que beaucoup de gardes nationaux ne répondaient plus à l'appel.

Il fallut alors se contenter de cent cinquante hommes par bataillon. Et quels hommes ! beaucoup d'enfants, beaucoup de vieillards : les plus robustes se croisaient les bras. On vit passer des compagnies où il n'y avait que les officiers et les sous-officiers, quelques intraitables et quelques ivrognes.

L'intraitable et l'ivrogne, deux physionomies de la Commune.

L'intraitable se grisait aux théories politiques ; il s'imaginait qu'il allait refaire le monde ; comme Delescluze, il voulait mourir pour son « idée », sans avoir bien connu son idée. Le mauvais journal et le mauvais club avaient créé l'intraitable. C'était presque toujours un homme de quarante ans, qui avait fait ses premières armes au 24 février et au 2 décembre. Il avait goûté à l'absinthe sanglante de l'émeute ; il avait toujours soif.

> Mon âme est enivrée et mon cœur se dilate,
> Quand je vois une émeute à la robe écarlate.

Cette ivresse de l'intraitable était bien un peu l'ivresse du sang. Il disait qu'il voulait mourir, cela voulait dire qu'il voulait tuer. La liberté, l'égalité, la fraternité n'étaient pour rien dans cette orgie, sinon les trois Parques, comme a dit Aubryet.

L'ivrogne arrivait au même but par le vin bleu. Quand il avait *canonné* pendant une heure, il était, lui aussi, à cheval sur les principes sociaux; il voulait refaire le monde, mais il n'y avait pas assez de cabaretières ni de cantinières.

Il y avait entre les deux, — l'ivrogne et l'intraitable, — cet éternel gamin de Paris, que les journalistes et les romanciers ont gâté, car il faut toujours gâter les enfants. Celui-là, au moins, allait au feu bon jeu bon argent; il se battait rien que pour la gloire, sans souci de la Commune.

Enfin, il serait injuste de ne pas dire que quelques braves gens croyaient de bonne foi marcher pour l'humanité; philosophes qui ne sont pas venus à terme; artistes qui ont lu la vie de Michel-Ange au lieu de regarder ses œuvres; pères de famille qui ont senti la misère de trop près, quoique leur main fût laborieuse. Ceux-là ont été les victimes, car ceux-là ont marché la tête haute; ils ne se sont pas enfuis à la dernière heure; aucun n'a demandé grâce. Fatal héroïsme !

Que pouvait-on faire avec une pareille armée, où il y avait à peine un homme sur dix ? C'était le désespoir de Ducharme. Il avait eu beau prêcher la discipline : il n'avait formé que le désordre. Il se faisait pourtant quelque illusion, croyant qu'à l'heure suprême tous ces chenapans, émaillés de quelques braves, iraient au-devant de l'ennemi comme un seul homme. Il avait d'ailleurs autour de lui ceux qu'il appelait ses cent-gardes : Carnaval et toute sa bande. Il les avait déjà jetés au feu à Asnières. Quand il les voyait remuer les canons comme des joujoux, porter fièrement leur fusil, faire les manœuvres avec la désinvolture des grognards, il ne doutait pas qu'on ne pût tenir longtemps en échec l'armée de Versailles.

Mais, on le sait déjà, l'armée de Versailles entra à Paris pendant que la légion de Ducharme faisait le dimanche dans le parc de Neuilly. Ce fut toute une révolution au camp; on s'accusa; on faillit brûler de la poudre entre soi; on commença à jeter son fusil sous les buissons. Ce fut le commencement du sauve-qui-peut.

Carnaval avait été héroïque le lundi pour se

faire pardonner son dimanche. Fine-Champagne elle-même s'était adoucie jusqu'à lui donner à boire.

En vain, Cœur-de-Lion, l'Amazone, Carnaval et les cent-gardes — il en restait bien vingt-cinq — tentèrent le ralliement. On ne trouva plus d'armée ; il fallut se résigner, sans un combat, à la guerre des barricades. Le colonel compta son monde, il lui restait à peine mille hommes : il les éparpilla aux barricades des Ternes et du faubourg Saint-Honoré. Après quoi, il alla, avec l'Amazone, se joindre à Dombrowski, cherchant un théâtre plus digne de lui.

Sa maîtresse avait été aide de camp de Dombrowski ; le général disait que *** s'il y avait une pareille femme par bat*** *** , Paris serait imprenable. En eff*** ***et, Angéline Duportail, de plus en plus surexcitée, donnait sa fièvre aux combattants. C'était la Jeanne d'Arc impure de ces soldats sans foi ni loi.

L'obus qui blessa mortellement Dombrowski, tua le cheval d'Angéline, cette noble bête si fière et si fine, qu'elle aimait encore plus depuis la mort de Flourens.

A cinq minutes de là, la balle maladroite d'un

fédéré cassa le pied du cheval de Cœur-de-Lion ; ce fut comme un avertissement suprême.

Adolphe Ducharme courut à l'Hôtel-de-Ville.

Paris, la ville du gai travail, du luxe inouï, du plaisir insensé, était déjà la préface des villes en ruine. Le premier siége avait esquissé les impressions sinistres. Jamais un pareil hiver n'avait passé sur la capitale des capitales. La faim, le froid, la fièvre, toutes les misères s'étaient promenées par les rues comme dans un vaste camposanto. Tout le monde était à demi-mort.

On commençait à respirer et à revivre quand vint la Commune ; la Commune eut ses jours d'espérance et de gaieté ; Paris plébéien vivait d'une vie attique, mais vive, des efflorescences d'avril. Ci-gît la large vie avec la cité ouvrière, agitée par la révolution comme une fourmilière que le voyageur secoue du pied. Les commencements sont toujours beaux, même si c'est le commencement de la fin.

Mais quand le printemps eut donné à profusion —le prodigue qu'il est—sa feuillée et sa floraison, la fièvre de mort repassa par Paris. Les premières batailles refoulèrent les fédérés dans un champ de cadavres. Les fêtes ne furent plus que des fêtes funéraires. Les plus décidés devinrent timides ; l'audace abandonna les audacieux ; le silence et le désert se firent à Paris ; toute la jeunesse disparut, même parmi les combattants ; c'était le sauve-qui-peut. La désolation des désolations hantait le foyer comme la place publique ; la mère pleurait, même la mère plébéienne ; l'enfant se cachait ; c'était l'heure du cataclysme.

Paris et Versailles frappaient les hommes et les monuments. On marchait sur les vitres brisées, sur les branches cassées, sur les pierres émiettées, sur le sang répandu. La bombe entrait partout, la bombe aveugle qui va toujours à celui qui ne l'attend pas. On ne rencontrait que réverbères tordus, képis oubliés, barricades ébréchées, armes perdues, gardes nationaux allant de çà de là, sans savoir leur chemin.

Le tocsin vint jeter sa grande voix désolée sur toutes ces tristesses.

Mais l'heure terrible, ce fut l'heure où l'Hôtel-de-Ville lança [sur tout Paris les mégères que l'odieux pétrole a couronnées d'une célébrité infernale. On assista alors à un spectacle que l'histoire n'avait jamais vu, pas même dans les plus mauvais jours du moyen âge et de l'antiquité.

Tuer et brûler furent les deux derniers mots de l'Hôtel-de-Ville; on alla fusiller les otages, on mit le feu aux monuments.

Horrible ! horrible ! disait Shakespeare. Il trouverait un nouveau mot aujourd'hui devant ces horreurs.

Quand Adolphe Ducharme jugea que tout était perdu, il courut donc à l'Hôtel-de-Ville, non pas comme tant d'autres pour aller se rallumer au feu sacré, mais pour conseiller la pacification de la dernière heure, épouvanté lui-même dans ces épouvantements.

A l'Hôtel-de-Ville il trouva la fièvre de la fièvre.

— Mourir, mais sauver la révolution ! lui cria Delescluze.

Pour l'Hôtel-de-Ville, la révolution c'était la patrie.

— Nous ne serons pas vaincus, dit Raoul Rigault en signant des ordres ; je réponds de la rive gauche et de la Cité ; tous les Versaillais y resteront.

— Mais songez donc, dit Adolphe Ducharme d'un air de commandement, que si c'est la mort de Versailles, ce sera la mort de Paris.

— Oui, reprit Delescluze ; mais ce sera le berceau du monde futur.

— Vous êtes tous des fous, dit Cœur-de-Lion ; il fallait vaincre Versailles hors Paris ; hors Paris c'était notre droit, c'était notre triomphe. Dans Paris, ce serait notre crime. On sait si je me suis bien battu au pont de Neuilly. Mais aujourd'hui mes hommes m'ont tous abandonné. Il faut marcher à l'ennemi, nous tous qui sommes de l'Hôtel-de-Ville, sans un seul soldat avec nous, avec le drapeau parlementaire : on nous fusillera, mais on fera grâce à Paris.

Raoul Rigault eut un rire de démon,

— Oui, tu nous conseilles le sacrifice aux dieux ; mais tu sais bien que les dieux ne pardonnent jamais : tuons les dieux ! Je te croyais un homme, mais Cœur-de-Lion n'est qu'un cœur d'agneau.

— Je vous le dis encore, reprit le colonel, nous marchons avec une grande idée qui fera le tour du monde : le peuple-roi. Il nous fallait aller droit à Versailles et ne pas nous amuser comme des gamins à mettre le feu aux étoupes. Voulez-vous tenter un coup désespéré?

— Parle.

— Eh bien, je sais mon chemin. Donnez-moi

trois mille hommes décidés à tout, des volontaires parmi les volontaires ; je pars pour Versailles ; j'arrive la nuit ; je débouche par le parc ; je me jette sur l'Assemblée nationale, avec quelques-uns d'entre vous pour ouvrir la séance ; je fais une razzia de tous les représentants, hormis de ceux qui nous attendent ; je répands la terreur blanche et rouge par des arrestations soudaines et les fusillades sommaires. Je réponds du coup de main. Ce n'est qu'un coup de main, mais tous les grands coups sont des coups de main.

Delescluze réfléchissait pendant que Raoul Rigault se tordait la barbe.

— Peut-être, dit le ministre de la guerre.

— Songez, reprit Cœur-de-Lion, que Versailles à cette heure dort sur les deux oreilles de M. Thiers ; on croit que l'affaire est faite parce qu'on est entré à Paris ; on n'a nul souci du danger.

— Et quand même les représentants veilleraient ? dit Théophile Ferré ; il n'y en a pas dix qui aient des revolvers. On ne se défend pas avec des larmes comme Jules Favre, ni avec des mots comme Tillancourt, ni avec un ventre doré comme Picard !

— A Versailles !

— A Versailles !

Adolphe Ducharme rappela qu'à la première tentative des fédérés sur Versailles, s'ils avaient tué la première sentinelle, ou plutôt s'ils ne se fussent attardés pour manger la soupe en route, l'Assemblée nationale était balayée à jamais. Les réactionnaires de tous les ordres s'envolaient aux quatre points cardinaux au premier aspect du drapeau rouge.

— Eh bien, mes amis, ce que nous n'avons pas fait la première fois, nous pouvons encore le faire. Dès que les troupes victorieuses nous sauront à Versailles, elles ne sauront plus sur qui frapper.

— Eh bien ! à Versailles !

— Il ne nous manque qu'une chose, dit tristement Delescluze; nous n'avons plus d'hommes, nous n'avons plus que des états-majors. Nous avons laissé le soldat libre de n'obéir qu'à lui-même; le soldat n'a obéi qu'à sa lâcheté.

On appela tous les colonels et tous les commandants qui stationnaient dans l'Hôtel-de-Ville, dans la caserne ou sur la place.

On compta avec eux les hommes de bonne volonté : on n'en trouva pas trois mille.

— Eh bien, non ! dit tout à coup Delescluze, au

moment où tout le monde s'était rallié à l'idée de Cœur-de-Lion; non ! ne risquons pas le tout sur une seule carte. Le Paris contre-révolutionnaire nous abandonne, allons droit au Paris de la révolution perpétuelle. Là, nous ne trouverons que des amitiés et des dévouements ; au moins, s'il nous faut mourir, nous aurons un tombeau digne de nous.

— Nous aurons le Père-Lachaise, dit Raoul Rigault, qui raillait toujours. Pour moi je ne veux pas de ce tombeau-là. Je veux mourir dans mon pays latin, éternel étudiant des choses de la vie.

Les membres de la Commune étaient encore réunis en grand nombre; ils se regardèrent avec de sinistres pressentiments; ils semblaient tous se dire : Où sera notre tombeau ? Qui sous une barricade, qui à Cayenne, qui dans une forteresse, qui au cimetière. La Commune n'était déjà plus que la fosse commune.

Adolphe Ducharme revint aux barricades. Il passa par la place de la Concorde et remonta au parc Monceaux où il retrouva Angéline Duportail avec quelques officiers de son état-major.

— Tout est perdu, tout est fini, dit-il à sa maîtresse. Allons nous faire tuer sur les barricades.

Ils retrouvèrent dans le faubourg Saint-Honoré Carnaval et Fine-Champagne avec un gamin héroïque, défendant à eux trois une barricade contre toute une compagnie de ligne.

XVIII.

RAYON DE SOLEIL SUR LA BARRICADE.

> Je ne suis pas de ceux qui disent :
> Ce n'est rien, c'est une femme qu'on
> fusille.
>
> La Fontaine.

Voici comment un journal montra le colonel et l'Amazone dans les derniers jours :

Adolphe Ducharme, trahi par les siens, se défendit à Neuilly avec une poignée de sauvages décidés à mourir. Quand il jugea la partie perdue, il voulut qu'on payât cher sa mort. Il se replia sur les barricades de l'intérieur. Il en défendit sept ou huit avec l'insolence du courage.

L'Amazone avait eu son cheval tué sous elle; mais elle voulait se battre comme un soldat : armée d'un fusil et d'un revolver, elle était aux avant-scènes des barricades, comme autrefois aux avant-scènes des petits théâtres en compagnie d'un hercule, d'une vivandière et d'un gamin plus terrible qu'un homme.

Toujours repoussés, ils arrivèrent, le mardi soir, à la barricade Malesherbes. Ils ne savaient plus rien de la défense de Paris. Ils faisaient leur partie dans ce concert infernal sans prévoir quelle serait la fin. Ils ne pouvaient supposer que déjà la Commune fût en fuite. Ils croyaient que leur devoir était de mourir et ils cherchaient la mort.

Quand ils furent à la barricade Malesherbes, ils ne virent plus Carnaval ni Fine-Champagne. Avaient-ils été tués en courant d'une barricade à une autre ?

— Celui-là, dit le colonel, ne s'est pourtant pas enfui comme les lâches.

— Qui sait? dit l'Amazone; je ne crois plus aux hommes.

Et qu'eût-elle dit si elle avait vu, la veille, ce bataillon de femmes qui s'étaient évanouies au premier coup de feu !

Ducharme et sa maîtresse se mêlèrent aux défenseurs de la barricade à l'heure même où ceux-ci parlaient de s'enfuir. On reprit courage. On réquisitionna les grands vins du quartier. On redoubla d'audace, on eut l'héroïsme du désespoir.

Après quoi, il fallut pourtant battre en retraite.

Il ne resta bientôt plus que cinq ou six fédérés.

Adolphe Ducharme, furieux, monta sur la barricade, saisit le drapeau rouge et l'agita par bravade.

Or, la barricade était attaquée par le capitaine Eugène Henryet.

La destinée les mettait en face l'un de l'autre.

Eugène Henryet avait été patient, pour ne pas faire tuer ses hommes; mais contre ce défi du colonel, il s'élança vers le drapeau rouge avec l'impétuosité du taureau, voulant entraîner ses hommes, décidé à se faire tuer plutôt que de subir la vue de cet étendard de sang.

Quand Adolphe Ducharme le vit s'approcher, il saisit son revolver et le mit en joue.

Le coup partit. Le capitaine ne s'arrêta pas.

Il était au pied de la barricade. Adolphe Ducharme le mit une seconde fois en joue.

Mais cette fois le coup ne partit pas et le revolver lui tomba des mains.

. . . .

Que s'était-il passé dans son esprit?

Il avait reconnu le capitaine: toute sa jeunesse repassait devant lui.

Une pâleur subite se répandit sur sa figure. Angéline, qui était demeurée au pied de la barricade, le vit pâlir et crut qu'il était atteint. Aussi s'élança-t-elle sur la montagne de pavés en criant : Vengeance !

Avant qu'elle n'arrivât jusqu'à lui, le colonel s'enveloppa dans les plis de son drapeau avec une majesté théâtrale, comme s'il fût décidé à le prendre pour suaire.

C'en était fait de la défense du quartier.

Adolphe Ducharme s'avouait vaincu. Tout le monde l'avait abandonné, moins une femme, moins un enfant.

Il voyait, avant de mourir, la misère et le néant de sa cause. Il eut le temps de jeter un regard de regret vers sa mère et vers ses sœurs.

— Pauvre Marguerite ! pauvre Diane ! s'écria-t-il.

Et comme il vit monter jusqu'à lui Angéline, il ajouta :

— Pauvre Angéline !

Et, en effet, il ne pouvait se tromper sur le sort de sa maîtresse. Et il voyait bien quel serait l'éternel chagrin de Marguerite en pensant que les deux hommes qu'elle aimait le plus au monde s'étaient entre-tués.

Cependant il était toujours debout, bravant la mort, mais ne bravant plus son ennemi.

Pas un coup n'avait été tiré depuis plus de dix secondes. Le capitaine avait fait cesser le feu. Il s'était tourné vers ses hommes en agitant son épée en signe de paix.

— Soyez tranquilles, dit le lieutenant aux lignards pour contenir la fureur de la troupe, vous allez fusiller cet homme.

— Pourquoi ne pas le tuer sur la barricade? dit un sergent en se précipitant pour arracher le drapeau rouge des mains du colonel.

Mais déjà le capitaine avait parlé à son ennemi — son ami. — Il repoussa lui-même le sergent.

— Tout à l'heure, dit-il; tu ne perdras pas ton drapeau pour attendre !

Que se dirent-ils, ces deux ennemis? Bien peu de mots. Le silence était plus éloquent que les paroles les mieux trouvées.

— Voilà donc où je te retrouve, dit Henryet, en regardant Ducharme, désarmé des mains comme désarmé du cœur. Est-ce bien toi? Tu as donc tout oublié?

Le colonel essaya un sourire amer :

— Je n'ai pas oublié que tu aimes ma sœur. Maintenant, je ne dirai pas un mot pour me défendre : la cause de l'humanité est perdue encore une fois.

Parlant plus bas, Henryet dit à Ducharme :

— Tu sais que tu vas mourir ?

C'était la scène de Saint-Just à l'armée du Rhin. On sait que le jeune conventionnel, pour donner l'exemple des vertus spartiates, fit fusiller un de ses amis, son ami le plus cher, l'ami de son cœur (Robespierre n'était que l'ami de son esprit), parce qu'il s'était insurgé contre la discipline. Il l'embrassa fraternellement et commanda le feu.

C'était aussi renouvelé des Grecs. Bias pleurait en condamnant un ami à mort. « Si tu pleures, pourquoi le condamner? lui dit son voisin. — Parce qu'il faut obéir à la loi comme à la nature, » répondit le philosophe.

Henryet se demandait s'il allait obéir à son cœur ou à la loi martiale. Il regardait Ducharme et ne pouvait se décider à le voir mourir sous ses yeux.

Il lui vint à l'idée de le sauver. Il lui dit :

— Veux-tu que je te sauve ?

— Non, répondit le colonel en touchant la main du capitaine ; mais sauve cette femme.

— Moi, je ne veux pas, s'écria Angéline Duportail; je veux être fusillée avec toi.

Et elle se rapprocha encore de son amant.

C'était le soir. Le soleil, apportant un dernier rayon lumineux sur cette scène terrible, répandit une auréole sur ces trois têtes.

C'était comme une raillerie du ciel.

L'homme qui n'avait obéi qu'à l'héroïsme et au devoir portait la même couronne de lumière que celui qui s'était toujours insurgé contre le devoir, que celle qui avait foulé aux pieds toutes les dignités de la femme; ou plutôt c'était commé le pardon de Dieu, puisque le colonel et l'Amazone étaient aux porte de la mort.

. . . .

Les soldats les plus rapprochés s'indignaient, parce qu'ils supposaient qu'on ne voulait fusiller ni l'homme ni la femme.

Ils avaient vu tomber tant de camarades lâchement visés par les fenêtres, qu'ils voulaient en finir avec cette horde de fous ou de sauvages.

Quelques-uns pourtant étaient plus pacifiques et disaient que le capitaine avait raison.

— Tu vois bien que s'il cause avec ce colonel à mourir de rire, c'est qu'il veut le faire parler; il faut bien savoir aussi le secret de ces coquins-là !

— Allons donc! on ne parlemente pas avec les insurgés, on les tue.

— Le coup de fusil, c'est le mot de la fin.

— Il a raison.

— A ce mot, il n'y a pas de réplique; que diable peuvent-ils bien se dire? Le capitaine est trop bon diable; si j'étais à sa place, l'homme aux cinq galons serait depuis longtemps « descendu. »

Ainsi on parlait dans un petit groupe; survint un exalté.

— C'est se moquer du monde; est-ce qu'on ne va pas en finir? Moi, je vais tirer dessus.

Et il leva son chassepot.

— Chut! dit un des pacifiques, ce n'est pas une raison que tu vas donner là: pas de demi-mesure, il faut les tuer tous; si on en laisse un debout, il fera des petits; toute cette canaille que nous avons sur les bras est née d'un jacobin et d'une tricoteuse. S'il reste à Paris un communeux et une communeuse, nous aurons encore une révolution dans vingt ans.

Quelques soldats avaient donné raison à celui qui parlait; ils s'avancèrent vers le capitaine.

— Voyons, capitaine, dit l'un d'eux avec une

grande exaltation, on nous a « tombé » un homme tout à l'heure, nous en avons perdu onze ce matin ; ces bandits-là sont indignes de pitié, finissons-en !

Et le soldat qui avait parlé arma son fusil et visa Cœur-de-Lion.

Ce fut alors qu'Angéline Duportail, dont le revolver était tout armé, tira sur le soldat pour sauver Cœur-de-Lion.

Elle le frappa à l'épaule; il tomba à demi soutenu par un caporal qui voulait le calmer dans son exaltation.

Plusieurs coups de chassepot retentirent cette fois ; Adolphe Ducharme fut atteint. Il tomba à la renverse sur les fédérés frappés quelques minutes auparavant.

— Enfin ! dit-on dans la troupe.

— C'est égal, dit le lieutenant furieux, ceux qui ont tiré s'en souviendront.

— Mais on tirait sur nous...

— Non ! c'était un duel entre un soldat et une femme; il fallait tuer la femme et non tuer le colonel, puisque le capitaine répondait de lui.

— Ah! ma foi, dans ces moments-là, on n'y regarde pas de si près.

Cependant Angéline Duportail, voyant tomber son amant, tira sur ceux qui avaient tiré.

Puis elle se précipita pour secourir le colonel; elle le souleva dans ses bras, criant à toute voix :

— Les lâches ! les lâches !

Le capitaine était resté sur la barricade; il semblait qu'il n'eût plus le sentiment de la situation; il se passa la main sur le front comme s'il se réveillait.

— Fais ce que dois, advienne que pourra! murmura-t-il.

Et sans doute l'image de Marguerite s'effaça de son âme, car il s'écria, comme pour apaiser la colère de sa compagnie :

— Qu'on fusille l'Amazone !

XIX.

LE VA-ET-VIENT DE LA MORT.

> La vie et la mort se tiennent de si près dans l'étreinte universelle, que la vie protége la mort et que la mort protége la vie.
>
> Bacon.

Quand le capitaine Eugène Henryet s'écria : « Qu'on fusille cette femme ! » il se fit un silence solennel.

Dix hommes se présentèrent pour escalader la barricade.

Mais le capitaine fut repris soudainement aux entraînements de son cœur.

— Non, reprit-il, il ne faut pas la fusiller avant son interrogatoire, car il faut que la lumière se fasse.

Le lieutenant était monté sur la barricade pendant que l'Amazone éclatait en sanglots sur le corps presque inanimé de son amant.

— Lieutenant, lui dit tout bas Eugène Henryet,

cet homme que vous voyez là, expirant peut-être, c'est mon ami; il est plus fou que criminel; il est de ceux à qui on pourrait pardonner. S'il n'est pas mort, sauvons-le, sinon pour la France, du moins pour Cayenne. Il ne se battait plus quand il m'a touché la main; il ne faut pas qu'on dise que j'ai laissé frapper un ami désarmé. On va le conduire à la prochaine ambulance.

— Et cette femme, capitaine ?

— Cette femme, il faudrait empêcher qu'elle ne fût fusillée, car ce n'est pas notre affaire de fusiller les femmes.

— Vous aurez bien de la peine à la soustraire à la justice de nos hommes ; elle vient de blesser un soldat qui a son frère dans la compagnie ; celui-là demande à tirer le premier.

Le capitaine se tourna vers sa compagnie, redevenue bruyante et tumultueuse :

— Mes enfants, justice sera faite; seulement, nous avons nous-mêmes trop la religion de la loi militaire pour frapper les ennemis qui ne se défendent pas. — Cette femme mérite la mort, et elle n'attendra pas longtemps. — Quatre de vous vont la conduire au parc Monceaux, où elle sera jugée sur l'heure même par la cour martiale.

— Je suis des quatre, s'écria le frère du soldat qui avait été atteint par Angéline Duportail.

Il franchit la barricade, suivi de trois de ses camarades. Il saisit l'Amazone et l'arracha du corps du colonel.

Ce fut une lutte à outrance ; elle se défendit comme une lionne.

— Fusillez-moi ici ! s'écria-t-elle.

— Non, au parc Monceaux, dit le soldat furieux, plus furieux encore de ne pouvoir vaincre une femme.

— Fusillez-moi ici ! répéta-t-elle.

Et elle se tourna vers le capitaine comme pour l'implorer.

— Non, lui dit-il ; je suis un soldat, je ne suis ni un juge, ni un bourreau.

L'Amazone vit bien qu'elle n'avait rien à espérer du capitaine, pas même la mort.

Les quatre hommes s'étaient emparés d'elle ; elle était à bout de forces et à bout de sentiment ; un nuage passa dans son esprit ; elle se laissa faire ; elle obéit sans le savoir, n'ayant plus ni courage ni volonté.

Elle était horrible à voir dans sa beauté : sa figure et sa robe étaient tachées de sang, ses cheveux tombaient épars. Elle regarda une dernière fois Adolphe. Ducharme, qui souleva la main comme pour lui dire adieu.

Elle voulut se rejeter dans ses bras, mais elle fut entraînée sans cette consolation d'un dernier embrassement.

Avant de se remettre en campagne pour attaquer une autre barricade, le capitaine Henryet, qui s'était aperçu qu'Adolphe Ducharme respirait encore, se pencha sur lui.

Adolphe Ducharme dit ces trois mots à son ami :

— Sauve cette femme !

Puis il ajouta d'une voix troublée :

— Va dire à ma mère et à ma sœur que je meurs avec leur pensée. Tu les trouveras près d'ici, rue Saint-Lazare, 82.

Le colonel avait fait un effort pour parler ; un nuage passa dans son esprit ; il ne vit plus rien, il ne parla plus. Vainement son ami lui proposa de le faire conduire chez sa mère, quoique cela lui parût impossible : le blessé ne fit pas un signe.

— Eh bien, dit le capitaine, qu'on le conduise à l'hôpital Beaujon.

Il toucha la main à Cœur-de-Lion au moment où ses hommes ne le regardaient pas.

Et, sous prétexte de boire une gorgée d'eau-de-vie, il prit sa gourde; mais ce fut pour en répandre quelques gouttes sur les lèvres d'Adolphe Ducharme.

Or, que devenait Angéline Duportail?

Elle marchait en avant sans savoir son chemin, sentant la mort de près, quel que fût son horizon, soit qu'elle se retournât vers les chassepots tout armés, soit qu'elle arrivât au parc Monceaux, où sans doute son jugement ne serait pas long.

Ce fut alors que le capitaine, inquiet d'avoir vu au loin la Duportail et les quatre soldats dans une nuée de curieux, dit à un de ses sergents :

— Il ne faut pas que cette femme soit fusillée, vous m'entendez?

— Qu'est-ce qu'on en fera, capitaine?

— Je n'en sais rien, mais il faut qu'elle vive.

— J'ai compris, dit le sergent.

Si elle avait pu se retourner une seconde fois, elle eût vu une chose bien digne de la réconforter.

La compagnie de Henryet était déjà en route pour attaquer une autre barricade.

Suivant l'ordre du capitaine Henryet, quatre soldats disposaient deux échelles en forme de brancards pour y mettre le colonel Adolphe Ducharme.

Tout à coup voilà un fédéré, un colosse, un Titan, qui vient — bravant leurs fusils, les bravant tous — saisir le blessé et l'emporter à pas de géant, sans s'inquiéter de quelques coups de baïonnette mal portés et de sept ou huit balles qui sifflèrent à ses oreilles.

On a reconnu Carnaval.

Les soldats étaient ébahis, ne voulant pas croire que cela fût possible. Ce qui en désarma quelques-uns, c'est que Carnaval avait pris son colonel avec une douceur touchante ; on eût dit une mère qui emportait son enfant.

Il était venu là sans colère, ne songeant pas à attaquer, ne voulant que sauver Cœur-de-Lion, son ami, son chef, dont il était fanatique.

— Après cela, dit un des soldats, autant qu'il se charge que nous de cette besogne ; il aura beau faire, cela ne le ressuscitera pas.

D'ailleurs, dit un autre, j'aime mieux aller à l'assaut d'une autre barricade que de faire ce métier d'ambulancier.

Que fit Carnaval du colonel Ducharme ?

En un instant il fut loin de la barricade. Il entra chez un serrurier de la rue de la Pépinière, un ami de vieille date.

— A nous deux, lui dit-il, nous sauverons bien un homme.

Le serrurier, tout humain qu'il fût, voulait fermer sa porte à la charité chrétienne. Mais Carnaval avait un ascendant qui triomphait de tout. Il déposa son colonel sur le lit. Il se mit à le panser avec la douceur d'une femme. Il lui baisait les mains, il lui parlait, il le forçait à boire de la forte eau-de-vie de sa gourde.

— Tout ce que je puis faire pour vous, dit tout à coup le serrurier, c'est de vous donner, pour le colonel, les habits de mon frère, qui est curé. Mon frère a été obligé de s'habiller en cocher anglais pour ne pas subir la loi des otages; cela se trouve bien, puisque ses habits vont servir aujourd'hui.

— Deux hommes sauvés par le carnaval, dit Carnaval, incorrigible dans sa gaieté.

Ce qui fut dit fut fait. Cœur-de-Lion souffrit beaucoup de ce travestissement; il refusa; mais il avait perdu trop de sang pour garder sa volonté.

— Et maintenant, dit le serrurier, j'ai des amis à l'hôpital Beaujon ; c'est encore là que le colonel sera le mieux abrité. Nous allons lui couper les moustaches, après quoi nous le conduirons, et le tour sera joué.

— Tout ce que vous voudrez, dit le colonel, à la condition que Carnaval se sauvera lui-même, et qu'il me fera donner des nouvelles de l'Amazone.

— Oui, mon colonel, je vous donnerai des nouvelles de l'Amazone, des nouvelles de votre famille, des nouvelles de votre chien, car je sais que vous aimez tout cela comme du pain.

. . . .

Cependant Angéline Duportail marchait toujours à son supplice.

Combien de stations de la Croix !

Les rares habitants de Paris qui assistaient à ce spectacle comme dans une loge grillée, derrière les persiennes ou abrités sous les portes cochères, furent excités par la vue de cette belle femme qui marchait devant ses quatre soldats.

Dans le peuple de Paris il y a des aspirations, des héroïsmes, mais aussi des lâchetés ; c'est là qu'il faut dire : Combien faut-il de citoyens pour faire un homme ? — Ces mêmes bandits qui s'indignaient contre Versailles, qui buvaient le vin cacheté des aristocrates sous prétexte de guillotiner les bouteilles, qui voulaient faire un monde nouveau en ouvrant la porte des prisons, c'était ce même peuple qui criait à tous les coins de rues, après l'arrivée des troupes : « Fusillez-les ! fusillez-les ! » Mais surtout « fusillez-la ! » quand c'était une femme. Certes, ils ont sur la conscience une belle part des exécutions. Combien de fois les soldats n'ont-ils obéi qu'à ce cri sauvage, honte éternelle du peuple de Paris : « Fusillez-la ! Fusillez-la ! » Comme si le peuple rachetait son crime de la veille en lavant ses mains dans le sang des siens ; il croyait se sauver lui-même en forçant la justice des soldats ; ç'a été le plus abominable des spectacles ; ce cri : « Fusillez-les ! fusillez-les ! » je l'ai eu huit jours dans les oreilles. Plus d'un qu'on a fusillé était peut-être innocent, mais c'était la faute des lâches qui croyaient s'absoudre en criant : « Fusillez-les ! fusillez-les ! »

Paris est la ville par excellence où tout le monde est acteur ou spectateur ; on veut être de tout et tout voir : un chien qui éternue à sa galerie, un chat qui saute d'une gouttière par mégarde a son parterre ; les enfants sucent l'amour du spectacle dans le lait de leur mère.

Même, quand Paris est désert, il y a foule au moindre événement. Quoiqu'on fût en pleine bataille, il y eut bientôt cinquante curieux qui suivirent l'Amazone.

Angéline avait repris sa fierté ; elle comprit qu'elle jouait un rôle, elle résolut de mourir comme le Gladiateur ; aussi regarda-t-elle tous ces curieux du haut de son dédain, les bravant par ses airs superbes, leur disant par son expression : « Vous ne comprenez pas le courage d'une femme. » Quelques injures vinrent tomber à ses pieds sans l'atteindre.

— Qu'on lui arrache sa robe ! cria une femme du peuple qui la trouvait trop bien habillée.

La Duportail fouilla dans sa poche, elle y prit quelque menue monnaie et la jeta au nez de cette femme.

— Elle nous insulte ! cria-t-on.

— Fusillez-la ! fusillez-la ! cria un homme qui voulait voir ce beau spectacle : une femme fusillée !

Angéline reconnut alors la Voyante parmi la foule.

Elle avait été entraînée au passage. Elle était ce jour-là tout en noir, avec une croix d'argent au cou.

La Voyante regarda fixement l'Amazone et fit le signe de la croix.

— Que Dieu lui pardonne dans la mort, dit-elle en levant les yeux au ciel.

Le ciel où l'incendie renvoyait la couleur du sang.

XX.

COMMENT ANGÉLINE DUPORTAIL FUT FUSILLÉE.

> Ce n'est ni celui-ci ni celui-là qu'il faut accuser, c'est tout le monde.
>
> RIVAROL.

La foule s'était enhardie. Puisqu'il y avait une victime désignée pour le sacrifice, les lâches, qui font toutes les foules, n'avaient plus peur des soldats. Aussi on faillit empêcher Angéline Duportail d'avancer.

Elle repoussa rudement les premiers qui osèrent la toucher, mais elle fut arrêtée par le nombre.

— Allons, allons, criaient les soldats, laissez-nous faire notre besogne, ce n'est pas votre affaire.

Un homme du peuple, un chaudronnier bien connu dans la Chaussée-d'Antin, qui avait jeté son fusil d'insurgé le matin même, qui avait revêtu le brassard tricolore, cria plus haut que les autres :

— Fusillez-la ! fusillez-la !

Les soldats, fidèles à l'ordre du capitaine, voulaient que cette femme arrivât saine et sauve au parc Monceaux ; ils repoussèrent le chaudronnier ; mais celui-ci, qui avait soif de sang, qui avait tué la veille un Versaillais, et qui voulait voir comment mourait une héroïne de la Commune, saisit un chassepot et faillit l'arracher des mains d'un soldat en criant : « Vive Versailles ! »

— Je tire sur vous ! cria le lignard.

Mais le chaudronnier tint bon et s'empara du fusil.

— Nous allons lui faire son affaire, dit-il aux trois ou quatre gredins qui étaient survenus, — d'autres fédérés qui voulaient cacher leurs crimes communeux par des crimes contre les communeux.

Il y en a beaucoup parmi les cramoisis qui ne se lavent les mains que dans le sang.

C'était pour eux une bonne fortune de tuer une femme si bien habillée, qui avait un diamant à son doigt et qui sans doute cachait d'autres bijoux dans son amazone.

On dit : Pêcher dans l'eau trouble ; mais les gredins de Paris disent : *Pêcher dans le sang*.

Cependant, le soldat désarmé se jeta comme un lion sur le chaudronnier pour reprendre son fusil. Mais l'homme était protégé par ses pareils.

Les trois autres soldats, craignant de n'être bientôt plus de force, se décidèrent à fusiller Angéline Duportail. Ils entourèrent le chaudronnier et parvinrent à désarmer cette bête féroce.

Dans le tumulte, on avait pris la rue de Lisbonne.

— Voilà le parc, dit un des soldats en voyant la grille qui s'ouvre sur l'avenue de Messine.

La grille était fermée par ordre. Les sentinelles ne voulaient pas ouvrir en voyant la foule. Ils ne comprenaient pas les cris sauvages de tous ceux et de toutes celles qui voulaient voir tomber sous les balles cette belle fille dont la fierté les indignait.

Le chaudronnier avait été désarmé, mais il n'en était que plus furieux ; on avait beau le menacer, il avançait toujours, jetant le désordre autour de lui, criant qu'il fallait fusiller cette femme sans aller plus loin parce que c'était une pétroleuse.

Le soldat dont le frère était blessé sentait sa vengeance passer d'Angéline Duportail au chaudronnier ; il n'avait plus de vraie haine que contre cet homme. Il comprenait que l'Amazone s'était battue par entraînement, tandis que le chaudronnier appartenait à cette odieuse franc-maçonnerie des buveurs de sang qui couvrent leur crime par le drapeau de la liberté, de l'égalité et de la fraternité. Ils sont comme cela dix mille dans Paris, la lie rouge du peuple. Ce sont eux qui donnent la fièvre du mal aux irrésolus, quelquefois aux généreux et aux enthousiastes.

Une porte cochère était ouverte rue de Murillo; le chaudronnier, se rapprochant d'Angéline Duportail, la poussa violemment dans la cour, entraînant les soldats et les curieux, criant toujours vengeance, et disant autour de lui qu'on ne la fusillerait pas parce que c'était une dame, mais que si c'était une femme du peuple elle serait fusillée déjà depuis longtemps.

Les soldats, bonnes natures qui n'aimaient à frapper que sur le champ de bataille, étaient exaspérés contre cet homme ; c'était sur lui qu'ils auraient voulu tirer ; mais il était trop mêlé à la foule, ils auraient pu blesser beaucoup de monde ; aussi avaient-ils beau le menacer, il s'en moquait parce qu'il savait bien qu'il était protégé par les autres.

Enfin, après quelques mots échangés entre eux, ils se décidèrent à fusiller Angéline Duportail, pendant qu'ils étaient dans la cour, pour en finir et apaiser cet orage. Ils chargèrent la foule, mais telle était l'horrible curiosité, que trois ... et une femme furent blessés ... ... hommes sans vouloir sortir ... ... par les baïonnettes Tous ... ... de la cour de l'hôtel.

..., ou presque tous, voulaient être du spectacle; ils promirent de ne pas bouger, mais ils jurèrent qu'ils ne s'en iraient pas.

Un des ... ... soldats poussa l'Amazone à l'encoignure, près d'une petite fontaine en bronze surmontée d'une nymphe souriante.

Angéline Duportail comprit qu'elle en était arrivée à ses dernières secondes; elle se retourna hardiment vers les fusils; mais elle vit moins les soldats que ces horribles figures qui grimaçaient pour mieux la regarder.

Que se passait-il en elle? Le regret de n'être pas morte avec Adolphe Ducharme.

Un autre sentiment traversa son âme; elle tressaillit à l'idée qu'une fois tombée devant ces acharnés, ils se jetteraient sur elle pour la souffleter, pour la profaner, pour la flétrir. Peut-être la déshabilleraient-ils pour déchirer son beau corps : une vraie Diane de Jean Goujon.

— Pas un tombeau ! murmura-t-elle.

Elle se réveillait à la pudeur ; elle eût été preslée si on lui eût promis un linceul.

a le chaudronnier.

que consu

— A genoux ! c   illée pour s'humilier.

Elle se fût bien agenou   s s'humilier
devant Dieu, mais elle ne voulut p   e et
devant les hommes ; elle resta debout plus fie
plus belle que jamais.

Deux coups partirent.

Elle tomba.

La foule applaudit par des huées et des battements de mains.

— Je vais lui donner le coup de grâce, cria le chaudronnier.

Mais un des soldats le saisit et le jeta à ses pieds.

Une fenêtre s'ouvrit au premier étage. Une femme malade, enveloppée d'un peignoir blanc, regarda pourquoi tout ce bruit chez elle ; elle s'était arrachée de son lit, malgré la sœur de charité qui la soignait.

En voyant ce spectacle, elle se sentit mourir elle-même. Elle eut pourtant encore la force de crier aux soldats qu'elle leur défendait de continuer cette horrible exécution.

Cette dame, c'était la duchesse de Parisis.

. . . .

On sait bien un peu toutes les aventures amoureuses et tragiques de cette belle Violette de Pernand, surnommée Violette-de-Parme quand elle joua la comédie de la pécheresse, croyant ramener son amant, qui n'aimait que les pécheresses. Mais on lui avait rendu justice; on savait quel noble cœur battait dans son sein. Elle avait hanté les mauvaises passions; mais elle avait sauvegardé son âme, ou plutôt c'est son amour qui l'avait gardée toute blanche et toute pure.

Tout le monde a le souvenir de cette adorable créature, si belle dans sa grâce, si svelte dans sa dignité. On la surnommait Violette, on aurait pu la surnommer Pervenche, puisque ses yeux étaient deux pervenches.

Les yeux bleus de Violette, doux comme l'horizon, étaient abrités par d'admirables cils noirs qui leur donnaient une expression plus pénétrante et plus idéale; c'était le ciel avec toutes ses profondeurs.

On sait bien un peu aussi que le duc de Parisis avait épousé sa cousine Violette, si bien qu'il n'y avait plus rien à dire; car, dans sa fierté, celui-là n'eût jamais donné sa main à une pécheresse,— pécheresse avec un autre. — Le mariage avait donc consacré l'amour; mais la mort était venue, car la légende des Parisis est bien connue :

L'AMOUR DONNE LA MORT AUX PARISIS.
L'AMOUR DES PARISIS DONNE LA MORT.

La duchesse de Parisis ne croyait pas survivre à toutes ses misères; mais ne meurt pas qui veut. La mort est un repos : il faut l'avoir mérité.

Violette se résignait à pleurer; elle était d'ailleurs malade depuis longtemps. D'autres ont fui Paris pour le siége; la duchesse de Parisis s'y était réfugiée, espérant y retrouver quelques amis, comme Monjoyeux et sa femme, le comte de Harken, le prince Rio, la chanoisesse rousse, d'Aspremont et la Messaline blonde.

En arrivant à Paris, elle trouva l'hôtel de Parisis occupé par les réfugiés de Suresnes; elle descendit rue de Murillo, chez la comtesse de Montmartel, celle-là qu'on avait surnommée la Messaline blonde. Elle y trouva une dépêche télégraphique de son amie, avec prière de l'attendre. Mais Paris fut cerné avant que la comtesse eût pu revenir.

Violette se trouva donc dans ce petit hôtel de Mme de Montmartel, où elle eût vécu tout l'hiver à peu près seule, si elle n'eût eu la visite presque quotidienne de Monjoyeux et de la fantasque Bérangère.

Après le siége, elle avait voulu rentrer dans son hôtel ; mais elle était tombée très-dangereusement malade.

. . . .

Donc quand Violette vit par la fenêtre Angéline Duportail à moitié morte, noyée dans son sang, mais fière encore, quoique roulée à terre, elle cria aux soldats qu'elle leur défendait de fusiller cette femme.

Il était trop tard. Mais peut-être pouvait-on sauver encore l'Amazone.

Les soldats n'eussent pas obéi à la duchesse de Parisis si, à ce moment, un des sergents de la compagnie qui les avait suivis n'eût pénétré dans la cour malgré le mur mouvant de la foule :

— Que faites-vous ? leur cria-t-il avec fureur. Qui vous a dit de fusiller cette femme ?

Un des soldats laissa tomber la crosse de son fusil.

— C'est que, voyez-vous, sergent, nous ne pouvions plus aller plus loin ; on accusait cette femme d'avoir mis le feu aux quatre coins de Paris ; ce n'était pas assez de quatre hommes pour la garder et pour la conduire ; on fait ce qu'on peut ; on a failli me désarmer ; nous ne sommes pas encore de force pour faire la loi.

— Allons donc, dit le sergent en chargeant la foule ; à moi tout seul, j'aurais eu raison de toute cette canaille.

— Cette canaille ! s'écria un « concierge ; » nous sommes de braves gens, « nous marchons » avec Versailles.

— Si vous êtes de braves gens, rentrez chez vous.

Et comme le chaudronnier voulait parlementer, le sergent ajouta :

— Soldats, empoignez-moi celui-là.

Ce que voyant, les curieux se décidèrent à s'en aller ; il ne resta bientôt plus que les quatre soldats, le sergent, et une petite fille qui, dans sa curiosité précoce, trouva ce mensonge de dire qu'elle était de la maison. Aussi alla-t-elle tout de suite à la fontaine pour jeter de l'eau — sur la femme fusillée, — selon son expression.

La duchesse de Parisis était toujours à sa fenêtre dans l'épouvante d'un tel tableau.

On vit apparaître sur le perron la sœur de charité, qui fit le signe de la croix sur la suppliciée.

— Tiens! dit la petite fille, en voilà encore une qui fait le signe de la croix comme la Voyante. Qu'est-ce que cela veut dire? La Voyante fait mourir les gens, celle-ci les ressuscite peut-être.

XXI.

LA SŒUR QUI PLEURE ET LA SŒUR QUI RIT.

> Qu'est-ce que la vie ? Des comédiens sur un théâtre.
>
> Octave de Parisis.

> La femme est-elle moins belle dans les larmes que dans la joie ? Les larmes du cœur sont des perles comme les dents qui rient.
>
> Gabrielle la Ramée.

Quand Eugène Henryet quitta la barricade, il répéta plusieurs fois : « Quatre-vingt-deux, rue Saint-Lazare, » comme s'il n'eût pas cru que Marguerite et sa mère fussent encore là. Oserait-il jamais leur dire : Votre fils, votre frère, est tombé mourant à mes pieds ?

Cependant la troupe s'avançait, les insurgés se repliaient jusqu'à la place du Havre. En voyant que la rue Saint-Lazare était libre, le capitaine regretta de n'avoir pas fait conduire son ami au numéro 82.

Quand il passa devant la maison, n'écoutant que son cœur, il regarda à toutes les fenêtres. Au troisième étage un rideau s'agita; c'était une femme : était-ce Marguerite?

Le rideau était retombé. Pauvre Marguerite! Depuis qu'elle avait vu son frère, elle traversait de rudes angoisses au milieu de tout ce bruit d'éclat d'obus et de coups de fusil.

Eugène Henryet attendait que le rideau fût soulevé encore, quand une détonation partit de la maison même, et vint frapper tout près de lui un de ses soldats. Ce fut encore un cri de vengeance dans toute la compagnie, comme devant la barricade. Le capitaine n'eut pas à commander de fouiller la maison, car ses hommes se jetèrent vers la porte, frappant à coups de crosse les boutiques du rez-de-chaussée.

La porte cochère s'ouvrit, le flot passa et monta jusqu'en haut de l'escalier, toujours aussi violent, quoiqu'à chaque étage des soldats s'arrêtassent pour trouver l'assassin. Eugène Henryet s'était précipité, lui aussi, oubliant que son devoir était de rester dans la rue, à la tête de ceux de ses hommes qui attendaient plus patiemment la vengeance.

Une idée rapide avait traversé son esprit ; certes, il n'accusait ni Mme Ducharme ni Marguerite de ce crime ; mais puisque Adolphe était un des chefs de l'insurrection, qui sait si cette maison n'était pas peuplée d'insurgés ? Un effroyable massacre pouvait s'ensuivre ; il voulut donc intervenir pour sauver la mère et la fille, si le malheur voulait qu'on trouvât des insurgés dans leur appartement.

Il alla droit au troisième étage, où quelques soldats sommaient deux femmes de leur dire où était l'assassin. Eugène Henryet reconnut la mère et la fille.

Mme Ducharme semblait résignée, comme si elle eût pressenti qu'elle ne reverrait pas son fils, puisque l'insurrection était presque vaincue. Mais Marguerite, pâle d'effroi, suppliait les soldats de ne pas menacer sa mère, disant qu'elles étaient toutes seules, que si on avait tiré sur la troupe, ce ne pouvait être du troisième étage.

Le capitaine ordonna aux soldats de se retirer.

— Capitaine, dit l'un d'eux, il y a quelque chose de louche ici.

— Je vous jure, dit un autre, que le coup est parti du troisième étage : j'ai vu la fumée.

— Vous voyez bien, dit le capitaine, que ces deux femmes ne sont pas capables de tenir un fusil ; voyez au quatrième ou au second.

Les soldats s'éloignèrent vers l'antichambre.

Marguerite n'osait regarder le capitaine.

— Vous ici ! dit-elle, plus pâle encore.

Mme Ducharme se cacha la tête dans les mains et éclata en sanglots.

— Mon fils est perdu ! dit-elle.

Puis, regardant Eugène Henryet :

— Eugène, vous n'avez pas vu mon fils ?

Le capitaine se tut.

— Vous avez vu mon fils ? Il est mort peut-être ? Qui sait si ce ne sont pas ces hommes qui l'ont tué !

— Votre fils est blessé, madame, dit Eugène Henryet avec un effort. Priez Dieu pour lui. Vous le retrouverez peut-être à l'hôpital Beaujon.

Disant ces mots, Eugène Henryet s'éloigna en tournant la tête pour voir plus longtemps l'adorable figure de Marguerite. Elle fit un pas vers lui, il lui saisit la main et reprit à mi-voix :

— Marguerite, je vous aime.

Leurs regards se rencontrèrent ; il semblait que chacun d'eux se fût donné son âme.

— Quel malheur ! dit-elle.

Mais ce mot : « Quel malheur ! » ne disait-il pas qu'ils étaient séparés par un abîme ?

En ce moment un grand bruit se fit sur le palier ; on venait d'entraîner une femme trouvée dans une mansarde ; elle se défendait tout en criant qu'elle était la cuisinière des deux dames du troisième.

— C'est elle qui a tiré, dit un soldat en amenant cette femme jusque dans le salon de Mme Ducharme.

Marianne semblait tout égarée, elle n'était pas revenue de son exaltation, devant la peur de la mort.

— Eh bien, oui, c'est moi ! dit elle.

Le capitaine, étonné, la regardait ; elle avait l'œil hagard, les cheveux épars, le sein soulevé. Cette grande fille, maigre et bronzée, avait l'expression sombre des fanatiques.

— Eh bien, dit le capitaine, si c'est cette femme qui a tiré sur la troupe, qu'on l'emmène.

Il reconnut Marianne, qu'il avait vue à Versailles avec Marguerite.

— La malheureuse ! murmura Mme Ducharme. Ce sont les idées de mon fils qui l'ont perdue. Ah !

pourquoi suis-je venue à Paris? Je ne survivrai pas à toutes ces misères.

La cuisinière avait été entraînée; le soldat qu'elle avait blessé se débattait dans l'agonie.

On la conduisit devant sa victime; ce fut toute l'accusation et tout le jugement.

— Pourquoi m'a-t-on pris mon homme? dit-elle pour toute défense.

On la traîna à la caserne de la Pépinière, où quatre coups de fusil en firent justice.

— Il ne faut pas fusiller les femmes, dit un philanthrope qui s'était arrêté.

— Les assassins, lui répondit un soldat, ne sont ni des hommes ni des femmes; il faut fusiller les assassins.

Quand Marguerite Ducharme vit le capitaine descendre l'escalier, car elle l'avait suivi sans le vouloir, elle lui dit : — Est-ce que vous ne reviendrez pas? Elle craignit que la mauvaise action de Marianne ne l'eût détaché à tout jamais. Eugène Henryet leva la tête et lui répondit tristement.

— Qui sait?

La jeune fille retourna à sa mère, se jeta à genoux devant elle, et pleura en murmurant les noms d'Adolphe et d'Eugène.

Mme Ducharme resta longtemps la tête appuyée sur ses mains, ne répondant plus à Marguerite, comme si le désespoir l'eût pétrifiée. Quand elle reprit la parole, ce fut pour dire à plusieurs reprises :

— J'avais trois enfants, et je n'en ai plus qu'un.

Et Marguerite disait tout bas :

— Maman pleurera bientôt l'enfant qui lui reste comme les autres.

Et avec un sentiment d'orgueil :

— Celui-là qui sera mort de chagrin, elle pourra le pleurer tout haut; tandis que mon frère, tandis que ma sœur, elle n'ose plus prononcer leur nom.

Mais, tout en faisant la part du bien et du mal, Marguerite ne répudiait ni son frère ni sa sœur. Il ne s'était pas passé un jour qu'elle n'eût prié pour eux. Quoique Diane ne lui fût pas bonne, elle était bonne à Diane; elle cherchait à l'excuser; c'était un enfant qui s'était laissé prendre aux joujoux. Elle espérait que Diane se réveillerait de ce mauvais rêve pour revenir à la raison.

Mais Diane ne revenait ni à la raison ni à la maison.

On n'a pas oublié que Diane Ducharme, cherchant des robes de toutes les couleurs dans un magasin de nouveautés, n'y trouva qu'une robe de deuil, selon son expression. Elle avait rencontré sa sœur ; elle avait retrouvé, pour un instant, le sentiment de sa vie familiale ; le repentir l'avait frappée au cœur ; elle aurait voulu trépigner toutes les folies douloureuses qui l'avaient étreinte depuis bientôt trois mois.

Mais ce souvenir de la vertu ne devait passer sur elle que comme une bouffée d'air pur. Il n'y a que les grandes âmes qui se relèvent plus haut après une chute. Diane n'était pas une fille vulgaire, mais c'était une fille d'Ève et non une fille de Marie.

Elle avait soif encore des fruits de l'arbre de la science ; elle ne comprenait pas les altières et divines voluptés des rochers de la Sainte-Baume.

A peine au café Anglais, où elle dîna avec ses deux compagnons de voyage, elle regretta d'avoir pleuré parce que ses yeux étaient rouges.

Elle comprenait déjà que son capital, c'était sa beauté.

Elle fit pourtant une concession à son chagrin, elle refusa du vin de Champagne, ce vin des fêtes de l'esprit et du cœur.

Ce fut pendant qu'on dînait au café Anglais que

vint la nouvelle de l'entrée des troupes de Versailles à Paris. On n'osa pas encore exprimer trop bruyamment sa joie, parce qu'il y avait au voisinage tout un état-major à moitié ivre que cette nouvelle exaspérait.

Le détaché d'ambassade, qui jusque-là avait fait vaguement la cour aux deux amies sans bien prévoir le dénoûment, déclara qu'il était de son devoir d'aller rejoindre les troupes, quel que fût le danger à courir. Il ne voulait pas être surpris entre deux femmes légères dans un moment aussi grave.

Il demanda l'addition, il paya et il partit après avoir conseillé aux deux amies de rentrer chez elles.

Elles trouvèrent qu'il les plantait là un peu sans façon, mais l'heure n'était pas aux quintessences amoureuses.

La comédienne proposa à Diane d'aller coucher chez elle.

C'était à deux pas de là, rue de Grétry.

Elles y allèrent, mais Diane ne fut pas peu surprise de voir que le lit de la dame était occupé.

— Vous ne m'aviez pas dit ça, dit Diane avec sa jolie grimace.

— Est-ce que je le savais? lui répondit la comédienne, tout à la fois furieuse et contente.

C'était un comédien sans conséquence, un amant de cœur pour les entr'actes. On s'était brouillé la veille, mais le comédien, qui n'aimait pas l'état de guerre, était revenu tout pacifiquement. Quoiqu'il n'aimât pas l'état de guerre, il s'était improvisé comme tant d'autres, Bergeret aidant, capitaine de fédérés ; aussi voyait-on son sabre orner le lit de sa maîtresse.

— Vous m'aviez dit que vous n'aviez pas d'amant? dit Diane, qui ne savait que faire et qui ne savait que dire.

— Non, je n'ai pas d'amant, répondit la comédienne ; un comédien, ça ne compte pas : vous savez, ma chère, c'est l'amour chez soi, l'amour en pantoufle, l'amour en déshabillé ; on a un comédien comme on a un singe savant ou un chien havanais.

— Adieu, dit Diane avec quelque dignité.

— Attendez donc, ma chère, je vais l'envoyer coucher chez lui.

— Et vous vous imaginez que je vais prendre sa place?

Diane s'en alla la tête levée.

— Après cela, lui dit la comédienne, je ne vous retiens pas.

Quand Diane fut au bas de l'escalier :

— Voilà donc dans quel monde je suis ! murmura-t-elle.

Elle essuya une larme; c'était la seconde de la journée.

Elle commença à croire à la vertu.

Où aller? Cette fois elle était bien seule. Pas âme qui vive qui s'intéressât à elle, sinon sa sœur et sa mère. Un instant elle eut l'idée d'affronter le premier regard de Mme Ducharme.

— Après tout, dit-elle, ma sœur sera là pour me tendre la main.

Elle fit un pas dans la bonne route, mais aussitôt elle s'en détourna.

— Non, reprit-elle, je ne suis pas née pour les joies de Cendrillon; tant pis, le sort en est jeté, advienne que pourra.

Elle rentra au café Anglais.

— On va fermer, madame, lui dit un garçon.

— Fermer, à dix heures! On m'a donné rendez-vous ici.

Un capitaine de la garde nationale vint à la rescousse.

— Mademoiselle a raison, dit-il, on ne ferme pas la porte aux gens à dix heures du soir. Qui donc fait la loi ici, si ce n'est nous? Vous vous imaginez déjà que les Versaillais vont arriver, tambour battant, musique en tête !... Entrez, mademoiselle...

Diane entra, le capitaine la suivit.

— Voyez-vous, si on n'y mettait bon ordre, tout le monde pactiserait avec nos ennemis. Nous saurons mourir quand viendra l'heure, mais personne ne nous fera la loi.

Le capitaine avait bien envie de faire la loi, car il s'assit sans façon à la même table que Diane.

— Si je ne me trompe, mademoiselle, vous étiez là, tout à l'heure?

— Oui, monsieur.

— Bonne maison, n'est-ce pas, quand on a beaucoup d'argent dans sa poche?

— Oui, monsieur.

— Vous êtes bien jolie, mademoiselle !

— Oui, monsieur.

— On est heureux d'être au monde quand on a une pareille figure !

— Oui, monsieur.

— Que le diable vous emporte ! vous dites toujours oui.

— Oh ! rassurez-vous, monsieur, il ne faudra pas me parler longtemps pour que je vous dise non.

— On ne sait pas !

Diane prit un journal.

Le capitaine voulut continuer la conversation.

— Chut ! lui dit-elle, je lis le *Vengeur*, de Félix Pyat, un de mes amis.

— Un de vos amis, le citoyen Pyat ?

— Oui, monsieur ; mon frère l'a amené dîner chez nous, il n'y a pas longtemps.

Diane se masqua dans le journal.

— Pourquoi cet éventail, mademoiselle ?

— Parce que je ne veux pas vous voir, monsieur. Vous êtes là comme une sentinelle.

— Mademoiselle, je voudrais être une sentinelle avancée.

— Eh bien, monsieur, décampez ; allez-vous-en droit au-devant des Versaillais.

— Ma foi, mademoiselle, cela ne serait peut-être pas si dangereux que de rester près de vous.

— Des fadeurs ! Je vous en prie, monsieur, ne continuez pas à monter la garde devant mes actions ; je n'ai peur de rien et je me moque de tout.

Je ne sais quelles autres sottises plus ou moins spirituelles se fussent encore débitées, si tout à coup deux nouveaux venus n'eussent interrompu ce duo.

C'était la comédienne et son comédien.

— Nous venons aux nouvelles, dit la comédienne, en tendant la main à Diane.

— Vous tombez bien, dit la jeune fille, voici tout justement un capitaine qui vient du champ de bataille et qui va vous dire ce qui se passe.

Le comédien s'approcha du capitaine.

— Oh ! la bonne farce, s'écria-t-il, quoi, c'est toi que je retrouve là, déguisé en capitaine de fédérés !

Le comédien venait de reconnaître un autre comédien qui avait pris du galon.

— Je m'en doutais ! dit Diane. J'avais bien jugé que ce héros ne tirait l'épée que sur le théâtre.

Quoique Diane se fût promis de ne plus revoir la comédienne, elle la laissa s'asseoir à côté d'elle, sans trop se sentir humiliée d'être attablée avec son amant de cœur.

— C'est égal, pensait-elle, quoique le capitaine soit lui-même un mauvais comédien, je me sentais moins humiliée, tant il est vrai que c'est l'habit qui fait l'homme.

Cette petite Diane n'était pas si paradoxale que vous le croyez. Oui, l'habit fait l'homme : il lui donne la dignité, la grâce, la bravoure. Il supprime en lui un des plus odieux péchés capitaux : l'Envie.

Platon disait : « La propreté est déjà une vertu. » L'homme bien habillé est plus loin d'une mauvaise action que l'homme mal mis.

Il n'est pas question ici de l'ouvrier quand il travaille. Et encore tout corps d'état devrait avoir son uniforme, comme le soldat. L'uniforme est pour beaucoup dans la moralité du soldat.

Ce n'est plus le pain qui manque au dix-neuvième siècle, c'est l'habit.

Effacez le lundi du code de l'ouvrier, fermez autant de cabarets que vous ouvrirez d'écoles : vous aurez une régénérescence sociale.

Un fédéré entra soudainement et cria à tue-tête :

— Tout est perdu ! Les Versaillais sont au Trocadéro.

— Eh bien ! dit Diane qui s'indignait de voir

des hommes dans l'épouvante, vous ne courez pas à leur rencontre ?

— Comme vous dites cela, mademoiselle! dit en essayant de rire un des comédiens déguisés en capitaine.

Ce qui rappelait ce mot fameux d'un prince à qui un ministre conseillait bravement d'aller se faire tuer pour les principes : — Allez, allez, monseigneur, c'est le moment de mourir pour les droits de votre maison. — Je voudrais bien vous y voir, monsieur le ministre, répondit le prince, en se croisant les bras.

Cependant les deux capitaines se parlaient à voix basse.

— Voyons, dit la comédienne, pourquoi tant de mystère, entre nous? nous savons bien que vous n'êtes pas des Turenne ni des la Tour d'Auvergne.

— Vous vous trompez, mademoiselle Forte en gueule, car nous avons joué ces rôles-là au Châtelet.

Et le comédien prenait une attitude martiale.

— Si vous voulez savoir la vérité, reprit la comédienne qui avait le secret des deux capitaines, la voici : ces deux braves ne demandent qu'à changer d'habits et de théâtre : le théâtre de la Commune ne leur va plus ; ils vont retourner dans leur boui-boui. Ils se figurent qu'ils ont joué un nouveau rôle, voilà tout ; ils vont maintenant en répéter un autre dans la grande pièce de *Sauve-qui-peut*.

La comédienne parlait d'or ; les deux capitaines, en effet, ne songeaient plus qu'à arracher leurs galons ; la farce communeuse était jouée.

LIVRE II

LES ÉPOUVANTEMENTS

I.

A TRAVERS L'INCENDIE ET LA FUSILLADE.

> La honte est plus rude à porter
> que la croix de notre Sauveur.
> MALEBRANCHE.

L'amant de la comédienne voulait changer d'habit, mais ne voulait pas changer de maîtresse.

— Adieu, Loulou, lui dit-il en lui serrant la main. Je cours changer de défroque; je vais revenir me cacher chez toi.

— Jamais, dit la comédienne, je te défends ma porte; je ne veux pas avoir l'honneur d'être fusillée avec toi. Puisque tu me montres comment on quitte sa cause, je te montre, moi, comment on lâche son amant.

Le comédien répliqua dans le style des coulisses.

Je vous fais grâce de son éloquence. Ces choses-là se disent, mais ne s'impriment que sous la Commune, par respect pour Gutenberg.

— Allons-nous-en, dit la comédienne à Diane; je m'en vais faire un feu de joie avec toutes ses lettres, ma chambre sera purifiée; d'ailleurs je vous ferai un lit dans mon salon, sur le canapé.

Cette fois, Diane ne se fit pas prier.

Il n'y avait pas bien longtemps qu'elle était endormie sur le canapé du salon quand elle entendit parler vivement dans la chambre : le comédien était revenu comme un amoureux qu'on met à la porte, c'est-à-dire plus amoureux que jamais. Mais on lui parlait de haut; plus il s'humiliait, plus on se montrait dédaigneuse.

Il eut beau faire, la comédienne tint bon : elle le mit à la porte pour la seconde fois.

Diane se leva et courut à la chambre de la comédienne.

— C'est bien, lui dit-elle, maintenant vous êtes mon amie à la vie à la mort. Il faut toujours avoir de la dignité.

Et Diane ajouta, se parlant à elle-même : « Même dans l'indignité. »

Diane passa deux jours chez la comédienne.

Elles ne sortaient ni l'une ni l'autre, très-effrayées qu'elles étaient par les grands bruits de cette effroyable mêlée.

L'odieuse guerre civile planait sur elles avec ses ailes nocturnes et sanglantes. Curieuses toutes les deux, elles tentaient de voir un peu de ce terrible spectacle; mais à peine dans la rue, elles remontaient bien vite. C'est tout au plus si elles osaient çà et là se pencher à la fenêtre pour voir le va-et-vient des combattants. La guerre des rues est la plus horrible des guerres : c'est le chasseur qui traque la bête fauve; le Dieu des armées est absent; l'art de la guerre n'est plus que l'art de tuer. Il n'y a plus ni drapeaux ni fanfares pour élever l'âme du soldat.

Le tocsin sonnait le glas des funérailles.

Le mercredi matin, les deux amies s'étaient hasardées sous la protection des troupes jusqu'au Palais-Royal. C'était au point du jour; elles avaient fui la rue de Grétry, parce qu'on menaçait de brûler la maison de la comédienne. Rue Richelieu, elles furent séparées par une alerte : on tira quelques coups de fusil; l'une s'enfuit par la rue de l'Échelle, l'autre par la place du Palais-Royal.

Les Tuileries flambaient.

Paris avait le délire de la fièvre.

Tous les docteurs politiques tâtaient le pouls à la grande ville; ils la jugeaient bien malade et se regardaient gravement : — Paris va mourir, disait l'un. — Cent cinquante pulsations! disait l'autre. — On le retrouvera consumé dans les cendres, disait le troisième. Mais le quatrième, prenant un air prophétique, s'écriait : — Le phénix renaîtra de ses cendres.

C'était le plus horrible et le plus beau des spectacles; la préface d'Herculanum et de Pompeïa : partout le feu et la mort; la flamme et le sang; les grands bruits du canon, les cris des femmes affolées, le pétillement de l'incendie et le crépitement des fusillades : le commencement de la fin du monde !

Parmi les places vouées ces jours-là à la tragédie, la place Saint-Germain-l'Auxerrois fut théâtrale entre toutes. Chacun y disputait sa vie, insurgés et soldats; on s'y battait et on y faisait justice. Pendant que les soldats fusillaient les fédérés pris les armes à la main, les derniers combattants de la Commune, embusqués çà et là, fusillaient les soldats.

Les femmes trop matinales passaient un mauvais quart d'heure sur la place Saint-Germain-l'Auxerrois.

Quelques horribles mégères avaient été prises depuis la veille les armes à la main, c'est-à-dire armées d'une bouteille de pétrole.

On ne voyait plus que des pétroleuses partout.

La vengeance soudaine est aveugle, il y aura toujours des sacrifiés ; il faut que le sang pur sanctifie les œuvres ténébreuses. Dieu l'a dit.

Diane, courant toujours, ne s'arrêta qu'au coin de la grille du Louvre ; elle entendait crier des femmes dans le bruit de la fusillade ; elle s'avança sur la place à travers les groupes, elle entrevit des femmes couchées et sanglantes.

C'étaient des pétroleuses fusillées. Mais parmi ces horribles créatures, plus d'une femme innocente payait pour celles qui s'étaient sauvées.

Des curieuses, des affolées, des voisines, qui avaient trop crié : Grâce ! avaient été saisies comme complices. Il n'y avait pas eu d'appel.

Diane, imprudente comme ses seize ans, s'approcha de l'amas de cadavres où plus d'un corps tressaillait encore. Elle croyait rêver.

— Pourquoi les a-t-on fusillées? demanda-t-elle à un soldat.

— Elles ne l'ont pas volé, répondit-il, puisqu'elles ont mis le feu aux quatre coins de Paris.

Diane regardait une toute jeune fille qui gardait encore dans les affres de la mort une divine expression de candeur.

— Il n'est pas possible que celle-ci soit coupable, reprit-elle en s'animant.

— Celle-là comme les autres, plus ou moins. Vous comprenez que nous n'avons pas le temps de faire des distinctions. Celle-là a mis le feu comme sa mère que vous voyez un peu plus loin.

— Qui sait? reprit Diane, tout son crime est peut-être d'avoir obéi à sa mère!

— Périsse la louve! périsse la louvetaille! s'écria le soldat en refoulant les curieux.

Puis, se retournant vers Diane :

— Après cela, ne parlez pas trop haut, car on pourrait bien vous en faire autant. Si vous avez des amies parmi ces dames, il faut le dire, ou plutôt il ne faut pas le dire.

— Non, je n'ai pas d'amies, murmura Diane, mais cela ne m'empêche pas de trouver que c'est raide de fusiller des femmes!

— Eh bien! tenez, voilà le lieutenant, dites-lui un peu cela.

Le lieutenant s'était approché de Diane, très-surpris de voir une jolie fille en toilette tapageuse égarée si matin devant un champ de cadavres.

— Madame, éloignez-vous, lui dit-il ; vous voyez bien que vos petites bottines trempent dans le sang.

— Je ne sais pas ce qu'elle cherche, dit le soldat, mais elle n'est pas contente du tout de voir des femmes fusillées.

— Je comprends cela, reprit le lieutenant, moi non plus je ne suis pas content du tout. Je voudrais bien ne pas avoir été témoin d'un pareil spectacle. Mais enfin il faut que justice se fasse. Voyez-vous, madame, si vous aviez vu comme moi tous ces monstres de l'incendie; vous n'auriez pas de pitié. Pas une de ces femmes n'avait une figure humaine : c'était l'image du crime ou du vice. C'étaient des corps sans âme qui avaient mérité mille fois la mort, même avant de toucher au pétrole. Il n'y a qu'un mot pour les peindre : la hideur.

— Mais cette jeune fille? dit Diane en indiquant celle qui l'avait frappée d'abord.

— Ah! pour celle-là, vous avez peut-être raison de vous apitoyer. Ce n'est pas ma faute si elle est tombée avec les autres. Je l'avais détachée du groupe, quoiqu'on l'eût surprise une fiole à la main; mais au moment où les coups partaient elle s'est précipitée vers sa mère. Que voulez-vous? le tonnerre frappe souvent ceux qui vont au-devant de lui. Du reste, cette petite n'était pas précisément un ange de vertu, puisqu'elle sortait de Saint-Lazare.

— Avec une figure si candide?

— Oui, il y a des masques trompeurs...

A cet instant, une femme qui fuyait deux soldats vint se jeter devant Diane et le lieutenant, comme pour demander grâce.

C'était une fille plus ou moins soumise, très-connue rue de Richelieu et place du Palais-Royal.

Deux coups de feu étaient partis de la maison qu'elle habitait; on lui avait trouvé un revolver à la main; on l'avait saisie pour l'entraîner devant la cour martiale; elle s'était échappée, mais pour se livrer elle-même sans le savoir.

Ce que venait de dire le lieutenant : « Le masque est trompeur, » pouvait encore s'appliquer à cette fille. Quoique depuis longtemps elle menât la vie des femmes perdues, elle avait gardé dans son expression je ne sais quoi d'innocent.

Elle n'avait pas la conscience de son infamie. Elle faisait métier de vendre son corps comme d'autres font métier de vendre de la dentelle. Elle avait trouvé tout simple, — par imitation, — de se créer un capital avec sa guenille corporelle. Elle disait naïvement, avec un effroyable cynisme : « Puisque je ne fais des affaires qu'avec moi-même, je ne dois rien à personne. » Elle ne devait qu'à Dieu. Je me trompe, elle devait aussi à son prochain une rude amende, pour l'avoir outragé par sa honte rejaillissante.

Un des soldats qui poursuivaient cette fille remit le revolver au lieutenant.

— Pourquoi aviez-vous un revolver à la main? lui demanda le lieutenant.

— C'est mon amant qui me l'avait donné, répondit-elle avec des yeux hagards.

— Votre amant? lequel?

— Je ne sais plus, un lieutenant comme vous, il ne m'a jamais dit son nom.

— Un lieutenant!

— Oui, un lieutenant des fédérés, qui a été tué hier place de la Concorde.

Le lieutenant examina le revolver.

— Vous avez tiré avec ce revolver?

— Oui, j'ai voulu me tuer.

La malheureuse, en disant ces mots, avait la gorge prise comme le criminel qui ment devant son juge.

— Ce n'est pas vrai, dit le lieutenant, les femmes comme vous ne se tuent jamais. Vous avez voulu venger la mort de votre amant.

— Je vous jure, mon lieutenant, dit un des soldats, que c'est elle qui a tiré sur nous, — pas avec ce revolver qui est un joujou, — mais avec un chassepot que nous avons trouvé dans sa chambre.

La fille garda le silence. Diane, qui la regardait, s'imagina voir une lumière traversant son front.

En effet, le sentiment de la femme, qu'elle avait si longtemps foulé aux pieds, releva cette pauvre âme comme par miracle.

Elle eut honte d'avoir menti.

— Eh bien, oui, dit-elle en levant la tête, c'est moi qui ai tiré.

Jusque-là on n'avait vu en elle qu'une fille échevelée, gorge flottante, traînant une robe de soie flétrie, avec des verroteries aux oreilles et aux doigts. Mais ce fut le commencement de sa transfiguration, cet accent de fierté qu'elle reprit après tant de jours d'humiliation.

Cette fille perdue par la misère, criminelle par l'amour, se réhabilitait presque par son courage devant la mort.

— Oui, c'est moi, reprit-elle, et j'aurais voulu tuer d'un seul coup tous les Versaillais, puisqu'ils m'ont tué mon amant. Et je n'ai qu'un regret, c'est de n'en avoir tué qu'un, — et si je pouvais recommencer, je recommencerais.

— Mais taisez-vous donc! dit Diane à cette fille.

— Elle a trop parlé, dit le lieutenant.

— Non, je n'ai pas assez parlé; vous croyez peut-être que j'ai peur de la mort? Qu'est-ce que cela me fait. Je n'ai ni père, ni mère, ni fils, ni fille; j'aimais un homme, on me l'a tué; j'aurais voulu en tuer mille pour me venger. Il ne me reste plus qu'à mourir, fusillez-moi!

Elle se recula d'un pas, elle déchira son corsage, et elle regarda le lieutenant comme s'il devait la fusiller lui-même.

Le lieutenant était désarmé. C'est toujours avec un sentiment de respect qu'on voit la jeunesse regarder la mort face à face.

— Est-ce que vous la laisserez fusiller? demanda Diane au lieutenant.

— Eh bien! reprit cette fille, fusillez-moi donc!

Elle avait l'impatience d'aller rejoindre son amant.

A cet instant, le soldat tué par elle fut rapporté place Saint-Germain-l'Auxerrois.

— N'allez pas le déposer avec ces charognes, dit un de ses camarades en le reconnaissant.

— Il a raison, dit un autre; parmi les morts comme parmi les vivants, il y a les bons et les méchants.

— Quoi! s'écria un troisième, cette fille n'est pas encore fusillée?

La fille regarda le soldat du haut de sa grandeur, on pourrait dire du haut de son tombeau.

— Eh bien! fusille-moi donc, j... f..... Vous êtes tous des lâches; il n'y en a donc pas un ici qui aura le courage de tirer le premier?

Un des soldats la saisit rudement et l'entraîna jusqu'à la grille de la colonnade du Louvre.

Quelques fusils la mirent en joue sans que le lieutenant eût donné des ordres.

Quand cette fille vit la mort de si près, elle pâlit et tomba agenouillée; elle ne demandait pas grâce, elle en avait fini avec les hommes et avec la justice des hommes. Elle se tournait déjà vers la justice de Dieu.

Trois coups de feu la renversèrent.

— C'est ainsi qu'elles se livrent toutes, dit le lieutenant à Diane ; on voudrait les sauver qu'on ne le pourrait pas. Que celle-ci aille avec ses pareilles mettre une robe blanche dans l'autre monde. On dira plus tard que nous avons fusillé des saintes et que nous avons fait des martyrs. Nous avons tout simplement ennobli par la mort du soldat des misérables et des coquines. En vérité, nous n'avons tué que ceux ou celles qui s'étaient tués déjà. Diogène cherchait un homme, moi je cherche une âme.

Le lieutenant regarda Diane.

— Cette rencontre, madame, est au moins singulière : il me semble que nous nous connaissons depuis longtemps.

— C'est vrai, dit Diane; c'est que les minutes sont des siècles au cadran d'aujourd'hui.

— Vous avez raison; mais vous n'étiez pas tout à l'heure une étrangère pour moi. Je vous ai vue à Versailles; je sais votre nom; je connais René de Volnay.

— Je ne le connais plus, dit Diane, avec une dignité un peu théâtrale.

— Tant pis pour lui.

— Voyez-vous, monsieur, dans ces jours de trouble, il y en a plus d'une qu'il ne faudra pas trop accuser; il y a plus de six mois que j'ai la fièvre; mais je ne veux pas me faire meilleure que je ne suis; vous disiez : tant pis pour lui ; je dis : tant pis pour moi!

On causa encore un peu; le lieutenant demanda à Diane d'où elle venait si matin. Elle lui raconta en quelques mots ses pérégrinations à travers cet horrible Paris, où l'on ne songeait qu'à tuer.

Un colonel passa et parut offensé de voir son lieutenant en conversation plus ou moins galante.

— Lieutenant, balayez-moi tous ces curieux et toutes ces curieuses! C'est assez de fusillades comme cela. On vient de prendre encore sept ou huit pétroleuses, vous allez les conduire à la Muette avec toute une bande de fédérés pris les armes à la main. Il y a là une cour martiale, on jugera là-bas s'il faut les fusiller ou les mener jusqu'à Versailles.

Le colonel parlait encore que déjà le lieutenant

donnait l'ordre de refouler tous les curieux et toutes les curieuses, — y compris Diane.

— Adieu, madame, lui dit-il rapidement, j'espère bien vous revoir dans un meilleur endroit. Mais, de grâce, ne restez pas en pleine rue. Je vous conseille de retourner rue de Grétry et de ne plus vous hasarder devant les coups de fusil. Si je n'avais pas été là, qui sait ce qui vous fût advenu, avec votre franc parler ?

— Mais on ne me laissera pas passer, dit Diane inquiète.

— Allez, allez ! ne dites pas que vous êtes la sœur du colonel Ducharme, dites que vous êtes ma sœur. Le lieutenant lui passa sa carte.

```
            GEORGES HENRYET

          Lieutenant au 63e de ligne.
```

— Georges Henryet ! s'écria-t-elle. Est-ce que vous connaissez le capitaine Henryet ?

— C'est mon cousin. Mais, chut ! le colonel s'impatiente. Allez-vous-en bien vite.

Diane rebroussa chemin à tout hasard, ne sachant pas bien où elle irait.

— Georges Henryet! répétait-elle; il est charmant, j'ai un vrai regret de le quitter.

Et un peu plus loin.

— Pourquoi l'ai-je rencontré?

Pour la première fois Diane sentit une pointe au cœur. Les anciens, toujours si profonds dans leur symbole, n'ont pas vainement armé l'Amour de flèches. Quand une passion nous vient, c'est par une flèche d'or qui s'empourpre dans le cœur. L'Amour est à la fois une joie et une douleur.

— J'aime cet homme, dit Diane, d'où vient que je suis si triste?

Diane Ducharme avait beau chercher son chemin, plus elle avançait à travers tous les périls de la guerre civile, moins elle savait où elle irait.

Elle se décida à tout tenter pour retourner à Versailles, car elle ne voulait plus s'emprisonner chez la comédienne.

D'ailleurs lui ouvrirait-on la porte de son amie? Quoique très-hardie dans son scepticisme précoce, elle se sentait redevenue timide en face de ces monuments qui brûlaient, de ces soldats indignés qui, pour un mot mal sonnant, mettaient en joue le premier venu.

Mais comment retournerait-elle à Versailles ?

Elle marcha sans trop d'obstacles jusque dans l'avenue des Champs-Élysées, où elle rencontra une voiture qui semblait attendre quelqu'un.

— Cent francs, dit-elle au cocher, si vous me conduisez à Versailles.

Le cocher la regarda quelque peu de travers; mais elle lui montra son porte-monnaie pour lui prouver qu'elle était sérieuse.

Le cocher hésita; il avait conduit un officier d'état-major au palais de l'Industrie; mais il n'attendait pas grand'chose de ce côté-là.

— Eh bien, sautez là dedans, dit-il à Diane.

Et le voilà parti.

Il prit bientôt l'avenue Montaigne, pour suivre le bord de l'eau et gagner le Point-du-Jour.

Mais, avenue Montaigne, il fallut rebrousser chemin; le cocher, qui remisait souvent à Neuilly, s'imagina que tout étant pacifié dans ces parages, il ne lui serait pas impossible de sortir par le pont de Courbevoie; mais à peine aux fortifications, des soldats malavisés virent dans la jolie Diane Ducharme une abominable pétroleuse. Elle eut beau montrer comme passe-port : — la carte de Georges Henryet — elle fut appréhendée au corps et conduite dans une casemate où une centaine de prisonniers attendaient le premier convoi pour Versailles, vrai convoi de 3ᵉ classe, car parmi ces prisonniers il en était à peine cinq ou six, hommes et femmes, qui ne fussent pas des misérables.

Diane avait eu beau résister, il lui avait fallu subir la loi du plus fort; elle aurait bien voulu s'abandonner à une attaque de nerfs, mais qui donc la secourrait dans toute cette canaille?

Elle garda donc son attaque de nerfs pour une meilleure occasion.

Après avoir été coudoyée, après avoir subi toutes les brutalités du toucher et du langage, elle se trouva entre deux femmes quasi sympathiques : une blonde et une brune; une fille du pays latin et une héroïne des clubs, plus ou moins communeuses par leurs amitiés. Elles s'étaient livrées par imprudence, en criant un peu trop haut contre la justice sommaire des cours martiales.

Elles firent bon accueil à Diane. Chacune d'elles ouvrit son cœur; on se raconta comment on s'était fait prendre. On se désespéra ensemble sur l'horrible voyage de Paris à Versailles, elles y étaient condamnées : il leur faudrait subir les huées de ceux-là qui crient : « Malheur aux vaincus ! »

— Jamais je ne consentirai à marcher, s'écria Diane en s'indignant.

— Vous ne savez donc pas, lui dit la fille du pays latin, qu'on fusille quiconque veut rester en route ?

— Eh bien, je serai fusillée, reprit Diane, comme si elle se soumettait à la fatalité.

Mais la jeunesse parla bien vite plus haut que tous les désespoirs.

Elle sentait qu'elle ne voulait pas mourir ; elle se résigna à tout, même à ce calvaire.

Elle mourait de faim, elle ne dédaigna pas de partager avec un communeux une tablette de chocolat. Elle mourait de soif, elle voulut bien tremper ses lèvres si fières dans un seau d'eau qu'on se passa à la ronde.

Il y avait une heure qu'elle faisait cette station, quand on avertit les prisonniers que les officiers et les sous-officiers qui devaient les conduire venaient d'arriver.

On attacha quatre par quatre les plus rebelles ;

on mit en tête les plus calmes en leur répétant plusieurs fois que le premier qui tenterait de s'échapper serait revolvéré à l'instant même.

Et comme preuve à l'appui, les officiers et les sous-officiers montrèrent tous leur revolver.

II.

LA FEMME SANS PEUR.

> Tu nies Dieu ! Mais si Dieu n'existait pas, tu ne le nierais pas.
> JEAN-JACQUES.
>
> La bête féroce était blessée mortellement, mais elle marquait sur le chasseur ses griffes sanglantes.
> GŒTHE.

Le dimanche, nous parcourions avec deux amis le dernier théâtre de la bataille : le faubourg du Temple, la Bastille et le Père-Lachaise.

Ce fut ce jour-là que nous vîmes Delescluze recueilli à l'église Sainte-Élisabeth, comme si on eût voulu le réconcilier avec Dieu.

On se battait encore, mais on voyait bien que la fin approchait.

Nous voulûmes pénétrer dans le Père-Lachaise, mais, quoique notre laisser-passer fût signé du général Mac-Mahon et du général Valentin, la porte nous fut défendue à la baïonnette. On nous conseilla d'aller voir le colonel des marins campés à la Roquette.

C'était tout justement un de nos amis, — un soldat bronzé au feu et à la renommée, un brave s'il en fut. — Brave et marin, d'ailleurs, ne sont-ils pas synonymes ?

C'est à peine si nous le reconnûmes tant il était noirci à la poudre et à la poussière ; depuis huit jours, depuis le dernier dimanche, il ne s'était pas couché un seul instant. Quand ses soldats avaient dormi une heure, il avait veillé.

Il nous accueillit avec son loyal et fraternel sourire, vrai rayon de soleil dans cette figure sévère.

— Que venez-vous faire ici ?

— Serrer la main à ceux qui ont vaincu.

— Les triomphes de la guerre civile ne sont pas des victoires. On fait son devoir tristement, on ne s'en enorgueillit jamais. Est-ce que vous voulez faire l'histoire de cette infernale semaine ?

— Oui, mon colonel, aussi je compte sur vous. Vous avez tout vu, vous me direz tout.

— Nul n'a tout vu, ni moi ni les autres ; mais enfin je vous dirai ce que j'ai vu.

Nous étions au seuil du dépôt des condamnés,

sur le lieu même où j'avais vu la guillotine debout.

— Autres temps, autres supplices, reprit le colonel; ils ont brûlé la guillotine, mais ils nous ont appris l'art de fusiller les rebelles. Si vous êtes curieux des choses tragiques, je vais vous conduire dans le chemin de ronde où les communeux ont fusillé les otages.

Nous supposions que c'était là qu'on fusillait les fédérés par représailles; mais on avait respecté la place où l'archevêque de Paris et ses vénérables amis étaient morts en chrétiens.

On fusillait dans la prison des jeunes détenus.

Nous suivîmes le colonel; nous vîmes encore toutes les traces sanglantes de l'odieux assassinat. Les figures se dressèrent devant nous. Un prisonnier de la Commune, qui venait d'être délivré, nous raconta tout ce drame lugubre.

— Et maintenant, nous dit le colonel en rebroussant chemin, nous allons voir les assassins, car plus d'un retrouvé ici a été fusillé par là.

Nous allâmes à la prison des jeunes détenus.

A tout instant on amenait des fédérés pris les armes à la main. Ceux qui étaient ivres de vin étaient épargnés, ceux qui étaient ivres de sang étaient fusillés.

Le colonel, qui avait horreur de ces horribles spectacles, nous abandonna pour un instant à notre curiosité.

Un lieutenant nous conduisit au chemin de ronde.

Épouvantable spectacle ! Tout un champ de morts couchés pêle-mêle dans toutes les attitudes, la résignation, l'angoisse, la fureur, le désespoir; les uns tendant les bras, les autres ouvrant la bouche : — l'appel et le cri suprêmes, ceux-ci menaçant encore, ceux-là souriant comme si la mort leur fût une grâce.

Ils étaient là cent cinquante, beaucoup de têtes hideuses, de celles-là qu'on ne voit que les jours de révolution et de fêtes publiques, des faubouriens qui ne descendent jamais dans Paris, des ébauches d'homme plutôt que des hommes. Parmi ces horribles figures, quelques visages sympathiques, des jeunes, des égarés, des fous, des femmes aussi, qui avaient abdiqué les vertus et les priviléges de la femme sous l'habit des fédérés.

Une d'elles était parmi les derniers fusillés. On ne voyait que sa main et sa bottine : main blanche, bottine mordorée.

Que faisaient là cette main et cette bottine ?

— On a voulu la sauver, dit le lieutenant, mais elle a insulté tout le monde. Il paraît que c'était une petite blanchisseuse de Ménilmontant qui était venue faire le coup de feu avec son amant, un mécanicien dont vous voyez là-bas la tête toute hérissée.

Le colonel était venu de notre côté. Il nous montra la cour où « jouaient » les cent cinquante petits drôles qui n'avaient pas voulu devenir des enfants de troupe selon les vœux de la Commune.

L'un d'eux s'interrompit dans sa haute voltige pour apostropher gaiement le colonel.

— Mon colonel, est-ce que la marmite est renversée? J'ai l'estomac dans les talons.

— Oui, dit un autre, ce « cochon » de geôlier a mieux aimé se faire fusiller que de nous faire la soupe.

Le colonel imposa silence.

Dans la cour voisine étaient les fédérés graciés de la mort — en si grand nombre qu'ils prouvaient la clémence du colonel; — ceux-là étaient si heureux de n'être pas fusillés, qu'ils se promenaient comme des hommes de loisir, insouciants et inconscients. Quelques-uns vinrent vers nous, jusqu'à la grille, pour nous parler de leur innocence.

Cependant c'était toujours la même procession funèbre de fédérés pris les armes à la main; les uns arrivaient fiers encore devant le colonel, les autres s'humiliaient dans la peur, pas un seul dans le repentir.

Ils ne se laissaient pas prendre comme des agneaux sans tache, il fallait les traquer comme des bêtes fauves. Ils montraient encore les dents, mais ils n'osaient plus résister avec leurs fusils. Ils se sentaient vaincus, ils ne voulaient pas, comme le condamné à mort, « aggraver leur situation, » tous espéraient vaguement qu'ils pouvaient encore obtenir leur grâce, c'est-à-dire Cayenne à l'horizon. Pour des gens exilés de tout, qu'est-ce qu'un exil de plus?

Quelques femmes étaient prises, comme les hommes, les armes à la main; plus d'une avait tout à la fois un chassepot et un revolver.

Qui les avait entraînées à ces prouesses sanglantes? Les passions nocturnes, l'amour qui se cache, l'ivresse de la bière et de l'eau-de-vie. Peu de femmes légitimes parmi toutes ces femmes, des concubines; mais la Commune leur tenait lieu de mariage : elles croyaient vaguement que la République dispensait de tous les sacrements, ou plutôt qu'elle les administrait tous.

La République, comme la Commune, n'administrait alors que l'extrême-onction.

Ces femmes étaient presque toutes habillées en gardes nationaux ; quelques-unes avaient pour ainsi dire changé de sexe : on eût dit des hommes ou des gamins.

Il en survint pourtant une qui était restée femme sous son habit de soldat, car celle-ci portait la capote et le pantalon d'un soldat de la ligne; elle flottait là dedans comme dans un manteau ou dans une robe.

Elle arriva carrément, sans doute décidée à tout, même à mourir ; elle était si jolie que nous la regardions tout étonnés de voir une pareille figure égarée en pareille tragédie. Une vraie figure faite pour rire : des yeux noirs très-vifs, une bouche empourprée, des dents de neige.

— Eh bien ! me voilà, dit-elle, en se campant devant nous, et en regardant face à face le colonel.

— Cette femme a été prise, les armes à la main, sur une barricade ? demanda le colonel aux soldats.

— Oui, mon colonel; elle nous a tué trois ou quatre hommes. Il n'y avait plus qu'elle seule à la barricade des Amandiers. Elle travaillait comme quatre, cette citoyenne-là. Quand je l'ai saisie, j'ai cru désarmer un tigre.

La combattante toisa de haut le soldat qui parlait.

— Eh bien ! fallait-il pas que je te présente les armes ? Si j'avais eu une cartouche de plus, je te l'aurais présentée et tu ne serais pas là !

Le soldat, encore tout surexcité, lui montra le poing.

— On n'en aura donc jamais fini avec toute cette racaille?

— Va toujours, reprit la jeune fille, nous n'avons pas dit notre dernier mot. La Commune aura sa revanche. — Je vous — cambronné — tous.

— C'est le mot de la fin, dit le colonel; cette femme ne veut pas qu'on la sauve ; eh bien ! qu'on la juge.

— Oh ! je suis toute jugée ; frappez là, reprit-elle, en montrant sa poitrine.

— A genoux, crièrent les soldats.

La combattante se révolta.

— A genoux! Je ne crois ni à Dieu ni au diable.

— A genoux! crièrent encore les soldats.

— A genoux! Est-ce que j'ai fait mettre vos camarades à genoux pour les tuer? Allons-y gaiement. Collez-moi ça là!

Collez-moi ça là! ce fut son dernier mot.

Elle se frappa une seconde fois la poitrine.

Le colonel ne voulait plus de ces exécutions soudaines, mais la jeune fille était tombée sous deux coups de revolver avant qu'il eût donné des ordres.

Ces deux coups de revolver avaient été tirés par le soldat qu'elle avait insulté.

Elle n'avait pas voulu s'agenouiller, mais elle tomba agenouillée!

III.

COMMENT CARNAVAL TROUVA L'ENFER SUR LA TERRE.

> Dante n'a pas décrit tous les supplices pour les damnés de la mort; il y a des damnés de la vie qui ont traversé des cercles plus infernaux que ceux de la *Divine Comédie*.
>
> LAMENNAIS.

Ce fut là que je fis la connaissance presque *in extremis* de Carnaval.

Carnaval s'était battu partout. Plus d'une fois il était resté le dernier à défendre une barricade, défiant les balles comme s'il se sentît invulnérable. On lui avait plus d'une fois conseillé de se replier chez lui ou chez un camarade, il répondait :

— Que voulez-vous? je marche malgré moi. Je suis comme le somnambule qui court sur les toits: il y a un Dieu pour les audacieux.

A d'autres il répondait :

— La balle qui doit me frapper n'est pas encore fondue.

C'était dans ses bras qu'était tombé Cœur-de-Roi, au Château-d'Eau ; le dernier il avait serré la main à Delescluze, à la barricade du Prince-Eugène.

Il avait fait des prodiges, sans espoir de salut. C'était de l'art pour l'art. Il voyait avec fureur la lâcheté de tous ces hommes qui avaient crié si haut quand les Versaillais étaient à Versailles. Quoique la vie lui eût été bonne jusque-là, il en voulait faire le sacrifice, croyant que la Commune en valait bien la peine. Il est vrai qu'il se fût battu de l'autre côté avec tout autant d'acharnement.

Il avait deux chagrins : il avait perdu en route Fine-Champagne, il craignait qu'elle ne fût tuée. Fine-Champagne n'était pas sa maîtresse, mais pour lui c'était mieux que cela : c'était son fétiche ; il avait pour elle la tendresse d'un frère ; il lui avait bien conté quelques sornettes, mais il l'avait trouvée si brave fille, si bonne à tout le monde, si avenante aux pauvres diables, qu'il eût craint de la fâcher en l'aimant de trop près.

Son autre chagrin, c'était la blessure de Cœur-de-Lion.

Carnaval avait été jeté par le sort sur le pavé

de Paris, sans jamais rien savoir de son père et de sa mère.

Ce n'était pas un méchant garçon. Bien loin de là. Protégé au point de départ par quelque bonne âme, il fût devenu un homme ; l'abandon n'en avait fait qu'un vagabond haut en style et en couleur.

Le colonel Adolphe Ducharme l'ayant trouvé dans sa légion de hasard, l'avait pris pour ordonnance, un peu par curiosité et un peu par amour de la force corporelle.

Carnaval, jusque-là rebelle à la raison, le plus grand indiscipliné qu'on eût rencontré, devint doux comme un chien pour son maître. Ce fut pour Cœur-de-Lion un autre Thermidor : ce rude Carnaval se soumettait à tout avec le dévouement familial du temps passé.

Il jugeait que la chute de la Commune le séparait à jamais de Cœur-de-Lion, soit que son colonel ne survécût pas à sa blessure, soit qu'ils fussent emprisonnés tous les deux.

Aussi quand on le prit au Père-Lachaise — ils étaient vingt autour de lui — il se résigna à mourir.

— C'est bien, dit-il, il faut toujours en passer par là ; finissons-en.

Aucun des soldats qui l'avaient saisi ne voulut le frapper. Il leur semblait que ce fût une bonne aubaine de mener un pareil géant au colonel.

Carnaval arriva fier comme Artaban, ne perdant pas un pouce de sa taille, ne voulant s'incliner ni devant la mort, ni devant l'ennemi.

Le colonel l'interrogea ; voyant bien, à l'air intelligent de ce grand diable, qu'il pouvait bien lui faire de curieuses révélations :

— Que dit-on, parmi les vôtres, de Delescluze, de Lefrançais, de Brunel, de Dombrowski ?

— On dit qu'ils ont leur congé pour la république des taupes. Les plus braves se font tuer les premiers.

— Où étiez-vous, à l'entrée des troupes ?

— A Neuilly, avec mon colonel.

— Votre colonel ? Qu'est-ce que celui-là ?

— C'est un brave ; la preuve, c'est qu'il s'est fait tuer ou à peu près sur une barricade.

— C'est bien étonnant.

— Nous en avions plus d'un comme lui. Ce ne sont pas les chefs qu'il faut accuser, ce sont les soldats. On leur a trop donné à boire pour qu'ils eussent soif de poudre !

— Comment s'appelait votre colonel ?

— Adolphe Ducharme, ou plutôt Cœur-de-Lion.

— Cœur-de-Lion! Pourquoi ce nom d'opéra-comique?

— Je n'étais pas au baptême; je crois que c'est parce qu'il était l'ami de Cœur-de-Roi.

— Est-ce que ce n'est pas Cœur-de-Lion qui traînait à ses trousses cette grande drôlesse dont on a tant parlé, la Duportail, une amie de Mme Eudes?

Carnaval prit une attitude plus martiale que jamais.

— Colonel, vous allez me faire fusiller, ce n'est pas une raison pour mal parler de mes amis. L'Amazone est une brave créature qui ne se battait pas pour mettre les robes des grandes dames; elle se battait parce que ça l'amusait, parce qu'elle était amoureuse de Cœur-de-Lion, parce qu'elle croyait servir la République.

— Où est-elle?

— Ils l'ont fusillée au parc Monceaux! C'est un peu pour elle que je suis allé me battre au Père-Lachaise; car on m'a dit qu'elle avait été transportée ici dans la fosse commune, comme la première venue, avec tous les fusillés du parc Monceaux. Eh bien, c'est bête comme tout, mais il me semblait que je la protégeais encore quand j'étais là-haut, dans le [cimetière, avec les canonniers. Une si belle fille ! C'est un meurtre de l'avoir enterrée ! C'était un monument !

En regardant Carnaval, on ne pouvait s'empêcher de penser que lui aussi était un monument ; jamais homme n'avait été sculpté si largement par la main de la nature. Émilien de Nieuwerkerke et Georges de Heekeren se fussent inclinés devant lui.

Cet autre monument allait tomber.

Cependant le colonel, qui voulait sauver Carnaval, lui dit d'une voix adoucie :

— Et votre colonel, et votre Amazone, et vous-même, vous n'avez pas eu une heure de lumière et de repentir ?

Carnaval fit une moue dédaigneuse :

— Il n'y a que ceux qui ont peur de la mort qui se repentent. Et puis se repentir de quoi ? Est-ce que vous vous repentirez de m'avoir fait fusiller, vous ? Le bon Dieu seul nous jugera.

Le colonel sourit :

— Le bon Dieu ! je pensais qu'on n'y croyait plus sous la Commune.

— On n'y croit plus, c'est une manière, mais on

sait bien qu'il est toujours là-haut ; quand je dis que c'est une manière, c'est un principe. Vous comprenez bien que pour ne plus reconnaître que la souveraineté du peuple, il faut supprimer tous les pouvoirs, même le pouvoir d'en haut.

— Ainsi! vous croyez que si vous êtes condamné à mourir tout à l'heure vous comparaîtrez devant Dieu?

— Oui, je n'en doute pas.

Carnaval sourit et continua :

— Ce sera la cour d'appel ou plutôt le recours en grâce ; mais le bon Dieu ne me remettra pas sur mes pattes.

— Ne désespérez pas; ce monde n'est qu'un commencement. Si vous êtes fusillé, vous vous trouverez mieux dans l'autre monde.

— Espérons-le ! espérons que par là il n'y aura ni Prussiens ni Versaillais qui viendront nous bombarder chez nous.

On voit que Carnaval n'avait pas voulu faire amende honorable. Il restait un et entier dans toute son audace.

Le colonel s'était complu un instant à chercher ce qu'il y avait en lui. Il avait vu là un homme égaré de bonne foi; peut-être l'eût-il presque sauvé en ne le condamnant qu'à aller à Versailles ; mais quand il comprit que cet homme était prêt à recommencer, il fit son devoir de soldat.

— Qu'on le mène à la cour martiale, dit le colonel.

— Pourquoi faire ? répondit Carnaval ; je suis jugé d'avance. Je n'ai pas fait grâce à ceux de Versailles, je n'ai rien de bon à dire, et je n'ai pas de quoi payer un avocat.

— Et s'adressant aux soldats armés de chassepots :

— Citoyens, allons-y gaiement !

Le colonel revint à notre groupe.

— C'est incroyable, nous dit-il, ces coquins-là qui ne se dérobent pas, qui vont droit à la mort sans sourciller, me donneraient presque envie de pardonner, si j'en avais le droit ; mais ce serait toujours à recommencer : il faut avoir le courage de vaincre même sa pitié.

Cependant on conduisait Carnaval dans le chemin de ronde où déjà tant de cadavres étaient roulés les uns sur les autres, dans les angoisses d'une rapide agonie.

D'autres fédérés, surpris en combattant, remplaçant les coups de fusil par les injures, suivirent de près Carnaval. Au lieu d'un seul homme couché dans la mort, il y en eut quatre.

Carnaval marchait en avant. Il ne savait pas bien encore où on le conduisait.

Quand il aperçut les derniers cadavres, il ressentit un mouvement d'horreur. Son courage si hautain s'effondra tout à coup.

Si on lui eût dit, quelques secondes auparavant, de se placer contre le mur en face des fusils, il eût commandé le feu sans défaillance; mais la mort des autres le désarçonna ; la soif de vivre le prit à la gorge devant cette hécatombe.

Aussi, au premier coup de feu, il se jeta sur les cadavres, comme s'il fût atteint.

Or, il n'était pas touché.

Là commença l'enfer.

Les trois autres fédérés qui le suivaient tombèrent sur lui percés de dix balles. Il sentit le sang jaillir tout chaud sur sa tête.

Il ne fit pas un mouvement; il joua le mort.

Un des fédérés, qui tressaillait encore, reçut le coup de grâce si près de la tête de Carnaval, que l'hercule se crut atteint lui-même. Le sang qui ruisselait sur lui n'était-ce pas son sang?

On ne le croira pas : toute une heure se passa

dans ce tombeau de cadavres, sans que Carnaval remuât; il sentait la sentinelle qui veillait à deux pas de lui, il entendait les pas des soldats curieux qui venaient çà et là à cet horrible spectacle.

Au bout d'une heure on vint dire à la sentinelle :

— Il est temps de manger la soupe.

— Ça ne fera pas de mal, dit la sentinelle, car je sens mon cœur qui s'en va ici.

Carnaval entendit qu'on s'éloignait; le moment était donc venu de tenter une résurrection. Mais comment franchir tous les obstacles à la vie? Comment, avec son costume de fédéré, traverser la haie de marins? Comment franchir tout sanglant le seuil de la porte, qui était bien gardée?

C'était impossible, mais il fallait vaincre l'impossible.

Carnaval se souleva doucement, secoua... que dis-je? il versa le sang qui l'inondait. Il se leva tout à fait, mais en essayant de se faire petit.

Il hasarda quelques pas au tournant.

Il croyait qu'il n'y avait plus de sentinelle.

Mais il se trouva face à face avec une autre sentinelle qui s'était tenue à distance dans l'effroi de la mort.

Ce fut, pour le marin de garde comme pour

Carnaval, une émotion terrible ; la sentinelle crut à un revenant ; Carnaval jugea qu'il était perdu.

Et plus que jamais il voulait vivre !

Le marin de garde le fixa, pâle d'épouvante.

Il y eut un silence de mort.

Carnaval reprit son courage et sauta sur le marin pour le désarmer.

On était à la soupe, le marin se trouvait seul, mais il cria au secours, on accourut ; Carnaval se retrouva pris.

La sentinelle ne pouvait parler tant la terreur l'avait terrifiée ; mais par ses gestes, elle indiquait que c'était un mort mal tué.

— Eh bien, qu'on recommence, dit un sergent.

Un soldat mit le canon du fusil de la sentinelle sur l'oreille de Carnaval.

Le coup partit, mais Carnaval avait bondi comme un lion qui ne veut pas être atteint.

Comme on avait fait beaucoup de bruit, le colonel survint ; il croyait à quelque révolte des prisonniers qui étaient dans la cour voisine.

On lui conta cette lugubre histoire du ressuscité. Il reconnut Carnaval.

— Ne tuez pas cet homme, dit-il, il vient de passer un siècle en enfer. Il est assez puni pour aujourd'hui. On le conduira à Versailles, où il trouvera d'autres juges.

— Merci, colonel, dit Carnaval, je ne vous oublierai pas dans mon testament.

— Bravo! colonel, dit le marin, qui avait armé son fusil.

— Le colonel a bien raison, dit un autre, on ne tue pas deux fois les gens.

— Quand un camarade échappe d'un naufrage, dit un troisième, est-ce qu'on ne lui fait pas grâce de ses condamnations s'il n'a pas été sage ?

L'homme est ainsi fait : il va sans cesse, comme le flux et le reflux, de la vengeance au pardon, comme s'il obéissait à deux natures.

On conduisit Carnaval parmi les prisonniers.

— Je demande encore une grâce au colonel, dit-il gaiement, c'est qu'il m'octroie un costume, fût-ce un habit de sénateur ou de condamné à mort, mais avec un peu de linge blanc. Il y a huit jours que je porte du linge rouge.

— Eh bien, dit le colonel, qu'on le conduise à la fontaine et qu'on lui donne un habit de prisonnier.

Quand Carnaval eut accompli sa métamorphose, il entra dans la cour des prisonniers de l'air du monde le plus dégagé, comme un homme qui n'a plus peur de rien.

Dans toute son existence, d'ailleurs, il n'avait eu qu'une heure d'épouvante, celle qu'il venait de passer sous les cadavres, sans compter la terrible seconde qu'il avait passée devant la sentinelle.

Le bruit de son histoire s'était répandu dans toute la prison comme par un télégramme. On lui fit une ovation. Beaucoup de prisonniers le connaissaient de longue date, car il avait mis ses petits talents à la portée de tout le monde sur les boulevards extérieurs, depuis Courcelles jusqu'à Ménilmontant.

— Nous en revenons tous d'une belle, lui dit un des prisonniers.

Celui-là s'était cru fusillé lui-même en en entendant fusiller un autre.

— Oui, oui, dit Carnaval, chacun prend ici-bas son numéro. Pour moi, je ne demande plus à cette heure que le premier numéro sortant.

— Tu n'es pas dégoûté, toi ! Après cela, nous aurons tous des numéros sortants ; mais ça ne sera pas pour aller chez nous. Qui sait si on ne nous fusillera pas à Versailles ?

— Allons donc ! dit Carnaval, on ne fusille que

ceux qu'on prend les armes à la main, comme moi.

— Nous irons à Cayenne, mon bonhomme.

— Qu'est-ce que cela me fait? s'il y a des femmes.

— Tu parles déjà de femmes, toi?

— On ferait mieux, reprit Carnaval, de nous envoyer dans la Nouvelle-Calédonie. Là-bas, parmi les sauvages, c'est la force qui règne; je serais roi.

— Qu'est-ce qui parle d'être roi? dit un vieux républicain blanchi sous le harnais des révolutions.

— C'est moi, répondit Carnaval en levant sa tête superbe. Et je vous prie de croire, citoyen, que je serais le plus beau tyran qui ait jamais passé sur la terre.

Un jeune homme doux comme une femme s'approcha de Carnaval.

— Comment, citoyen, vous qui avez des principes!

— Que voulez-vous, j'ai changé tout à l'heure de principes, en changeant de chemise. J'ai laissé dans le sang toute la friperie révolutionnaire. Nous sommes tous des idiots. Voilà bientôt un siècle que nous nous faisons tuer pour rien. Je commence à croire fortement que l'égalité est une chimère.

Trois ou quatre nabots se récrièrent autour de Carnaval.

— Je vous comprends, leur dit-il, vous voulez être aussi grands que moi, mais vous n'avez pas assez de talon, mes enfants.

— A bas le tyran ! cria-t-on de tous les côtés.

— Venez un peu vous y frotter, cria Carnaval aux mutins. Oui, je me proclame tyran, — Tyran Ier, — pour mettre tout le monde à la raison. Un malin a dit qu'il fallait, pour gouverner les hommes, un gendarme sur la terre et un bon Dieu dans le ciel. Eh bien ! je serai le gendarme de la Nouvelle-Calédonie. Je commencerai par manger les anthropophages, s'il y en a encore, et je finirai par vous manger tous, si vous n'êtes pas sages.

Le vieux républicain se tordait la barbe.

— Il y aura toujours des traîtres parmi nous, dit-il en menaçant Carnaval d'un regard foudroyant.

— Des traîtres ! dit Carnaval en bondissant vers lui, ne répète pas, ou je t'efface comme un bock.

Carnaval se tourna vers la galerie :

— Je n'aggraverai pas beaucoup ma situation en lui donnant le coup du lapin, car sa vie ne vaut pas la mort d'un homme. Regardez-moi cette barbe blanche ! on croirait que c'est la barbe de Socrate ; eh bien ! c'est la barbe d'un fou. Je le connais bien : il a été de toutes les révolutions : 1830, 1848, 4 septembre, 31 octobre, 18 mars ; aussi ce n'est pas à Cayenne qu'il faut le conduire, c'est aux Incurables.

Tout le monde se mit à rire.

— C'est un mouchard, murmura le vieux barricadier.

— Moi, je le dis tout haut, reprit Carnaval, je n'ai donné qu'une fois dans ces sottises-là, et je m'exclame comme Jules Favre : J'en demande pardon à Dieu et aux hommes.

Un fédéré s'approcha de Carnaval.

— Eh bien ! moi, je te dis tout bas que nous nous retrouverons sur les barricades à la prochaine révolution. Celle-là sera la bonne.

— Allons donc ! la bonne, c'est toujours la mauvaise !

IV.

DIALOGUE DES MORTS.

> A l'heure suprême de la mort, la vérité inonde les âmes d'une lumière soudaine.
>
> PLATON.

UN MARIN, UN CISELEUR, UN VOYOU, FINE-CHAMPAGNE, UN GAMIN, caché dans un arbre.

Le théâtre funèbre représente la barricade des Amandiers, qui vient d'être prise par les marins.—Tous les fédérés se sont enfuis laissant deux des leurs. — Le premier marin qui est monté sur la barricade, frappé mortellement, est tombé entre deux fédérés. — Tous les trois vont mourir. — Pas une âme qui vive autour d'eux, si ce n'est un gamin caché dans un arbre.

LE GAMIN.

C'est amusant de voir mourir les autres. Si on pouvait seulement fumer son brûle-gueule !

LE MARIN.

Qu'ai-je fait à Dieu pour être condamné à mourir au pied d'une barricade en pareille compagnie !

Il baise une petite médaille de la sainte Vierge.

LE VOYOU.

Oui, vas-y donc à ta sainte Vierge ! elle ne pansera pas tes blessures, idiot !

LE MARIN.

Ah ! s'il me restait une ombre de force, comme je t'écraserais sous mon pied, vilaine bête !

LE VOYOU.

Et moi, comme je te casserais la gueule, J—f—!

LE CISELEUR.

Allez-vous chanter longtemps cette chanson-là ? Puisqu'il faut mourir, sachons mourir.

LE VOYOU.

Moi, je ne veux pas mourir. A boire ! Eh ! dis donc, toi là-bas : n'as-tu pas d'eau-de-vie dans ta gourde ?

LE CISELEUR.

Ah ! si j'avais seulement un verre d'eau…

LE MARIN.

Oui, notre Sauveur aussi a demandé à boire lui ont donné du vinaigre.

LE CISELEUR.

Parce que Jésus-Christ était un réformateur.

LE VOYOU.

Un sans-culotte qui criait : Vive la Commune !

LE MARIN.

Silence ! ne profanez pas le Dieu de l'Évangile.

LE VOYOU.

Il n'y a pas de Dieu ni dans l'Évangile ni ailleurs. Il ne faut plus nous la faire, celle-là, elle est trop vieille.

LE CISELEUR.

Voyons, laissons les gens croire à Dieu si cela leur plaît.

LE VOYOU.

Cela me déplaît, moi, de voir qu'il y a encore de pareils abrutis.

Se soulevant à demi :

C'est Dieu, n'est-ce pas, J—f—, qui t'a conseillé de venir nous tuer chez nous ? Tu n'es qu'un assassin.

LE MARIN.

Misérable ! Mais je vais mourir, je te pardonne.

LE CISELEUR.

marin est un bon diable ; il n'a eu qu'un
'est d'obéir.

LE VOYOU.

Il a assassiné ses frèèèères.

LE MARIN.

Mes frères? Il y a deux familles, celle des braves gens et celle des gredins comme toi. Je suis de la première famille. Si je ressuscitais, je ne serais jamais de la seconde. Aussi, ma consolation, c'est que si nous partons pour l'autre monde dans le même convoi, Dieu mettra les bons d'un côté et les méchants de l'autre.

LE CISELEUR.

Ce que c'est que ne pas avoir d'instruction ! on croit que Dieu existe encore.

LE MARIN.

Que parles-tu d'instruction? Je sais tout, puisque je sais mon devoir. D'ailleurs, si on ne m'a pas appris à lire et à écrire, ma grand'mère m'a lu l'Évangile.

LE VOYOU.

L'Évangile, oh! la, la! Moi on m'a appris à lire et à écrire, mais je n'ai jamais fourré le nez là dedans, nom de Dieu !

LE MARIN.

Misérable ! tu ne crois pas à Dieu et tu l'insultes !

LE VOYOU.

Je crois à Dieu, mais je lui dis zut! Dieu, on nous a assez corné dans les clubs que quand nous l'aurions mis à pied, nous serions maîtres du monde.

LE MARIN.

C'est-à-dire maîtres de piller les églises.

LE VOYOU.

Piller, c'est reprendre son bien. La fortune des riches appartient aux pauvres; tous les journaux nous l'ont dit.

LE MARIN.

Voleur!

LE CISELEUR.

Aurez-vous bientôt fini de vous injurier?

LE MARIN.

Les injures de cette charogne ne me touchent pas. Je considère, entre toi et lui, que je suis entre le bon et le mauvais larron.

LE VOYOU.

Oh! la! la! monsieur va jouer le rôle de Jésus-Christ. Ous qu'est mon fusil?

LE CISELEUR.

C'est l'humanité qu'on a mise en croix, c'est l'humanité qui monte le Calvaire.

LE VOYOU.

C'est l'humanité qui boit du vinaigre! Ah! si on pouvait m'apporter un canon. J'ai la gueule desséchée.

LE GAMIN.

Et moi donc! (*Quelques coups de fusil.*) On envoie des prunes dans mon arbre, mais je ne les gobe pas.

LE MARIN.

L'humanité, ce n'est pas toi, misérable voyou, c'est tout le monde. Toi tu es hors la loi. J'ai entendu trop de ces phrases creuses : l'humanité par-ci, l'humanité par-là. Ma mère avait bien raison de dire que depuis la première Révolution les bons étaient esclaves des méchants, parce que c'était le monde renversé.

LE GAMIN.

Le voilà-t-il pas qu'il fait le malin, celui-là!

LE CISELEUR.

Ce n'est que le commencement de la revanche, on en verra bien d'autres.

LE VOYOU.

Ah! si je pouvais en fricasser encore quelques-uns!

LE MARIN.

Fricasser de pauvres diables comme moi qui obéissent à la loi? Tu ne vois donc pas, gredin, que c'est toujours le peuple qui paye les pots cassés! Nous nous tuons les uns les autres.

LE VOYOU.

C'est toujours ça de voir du sang répandu. Ça fait plaisir aux yeux.

LE MARIN.

Ivrogne de sang !

LE CISELEUR.

Ah ! comme je souffre! Pourquoi ne nous a-t-on pas achevés?

LE MARIN.

J'en remercie Dieu puisqu'il me reste une minute pour penser à ma mère.

LE CISELEUR.

J'ai beau tendre la main ! pas un des curieux qui nous regardent de loin ne m'apportera une gorgée d'eau.

LE VOYOU.

Où court-elle la vivandière? Dis-donc, s—g—, apporte-nous ta fontaine.

LE MARIN.

La malheureuse ! il faut la laisser fuir, car on fait la chasse aux femmes comme aux hommes.

LE VOYOU.

Qu'est-ce que ça me fait, si elle me donne à boire ?

LE GAMIN.

Il a bien raison celui-là.

FINE-CHAMPAGNE.

Ah ! mon Dieu ! Des hommes vivants !

Elle arrive pour se cacher contre la barricade.

LE CISELEUR.

Non, des hommes morts. Donne-nous à boire, c'est le coup de l'étrier.

Fine-Champagne penche son tonneau vers le ciseleur.

LE VOYOU.

Et moi, s— n— de Dieu !

FINE-CHAMPAGNE.

Toi, tu n'es qu'un lâche, je te reconnais : tu étais avec nous boulevard Malesherbes, tu as toujours f— le camp.

LE CISELEUR.

Donne à boire au marin, c'est un ennemi, mais c'est un brave.

FINE-CHAMPAGNE.

Eh bien ! il aura à boire.

Fine-Champagne ouvre la cannelle sur les lèvres du marin. — On entend tout à coup la fusillade et elle s'enfuit.

LE MARIN.

C'est une bonne créature, elle m'a donné la force de bien mourir.

FINE-CHAMPAGNE.

Elle se retourne et revient sur ses pas.

Citoyens, vous n'avez pas vu Carnaval ?

LE CISELEUR.

Il est dans le cimetière.

FINE-CHAMPAGNE.

Oh ! mon Dieu !

Elle court vers le Père-Lachaise.

LE MARIN.

Oh ! ma mère !

LE VOYOU.

Et ta sœur !

LE GAMIN.

Et ta sœur !

LE CISELEUR.

Si j'avais pu revoir ma femme et mes enfants !

LE MARIN.

Quoi ! tu as une femme et des enfants. Tu ne les aimes donc pas que tu es venu te faire tuer ici ?

LE CISELEUR.

Je les adore ; mais la grande famille c'est l'humanité.

LE MARIN.

Ce que c'est que de savoir lire ! On lit les journaux, on s'empoisonne.

LE VOYOU.

Allons donc ! le journal c'est le premier canon du matin.

LE CISELEUR.

Si tu savais quelle bonne créature que ma femme ? Nous n'étions pas riches, mais la maison était gaie. Deux enfants ça chante au cœur ; où diable avais-je l'esprit de réformer le monde quand tout était bien chez moi ? Un petit garçon et une petite fille qui gazouillaient comme des oiseaux. Mais on m'a jeté dans le feu parce qu'un jour j'ai parlé aux clubs. Quand je suis rentré chez moi, j'étais fier comme un homme qui va soulever le monde. Mais ma femme pleurait. Les femmes ont la seconde vue : pauvre Adèle ! elle me voyait déjà où je suis là. Elle a bien pleuré tout cet hiver.

Du pain noir, pas de feu. Mais les enfants n'ont eu ni faim ni froid. Elle buvait ses larmes pour ne pas nous les montrer. Que va-t-elle dire demain? Ah! si je la revoyais au dernier moment! Enfin, qu'importe, si je me suis sacrifié à l'humanité.

LE MARIN.

C'est là votre folie. L'humanité? nous n'avons rien à faire là dedans. C'est Dieu qui gouverne dans le ciel et sur la terre.

LE VOYOU.

N'écoute donc pas ce jésuite! Un peu plus il te confesserait.

LE CISELEUR.

Silence!

LE VOYOU.

Attends, je vais lui administrer l'extrême-onction.

Le voyou soufflette le marin.

LE GAMIN, *riant.*

Au moins, il ne mourra pas sans sacrement.

LE MARIN.

Toutes les lâchetés! Il sait bien que j'ai le bras cassé! Où a-t-il donc vécu, ce misérable?

LE VOYOU.

Je n'ai pas vécu chez les monarques, mais j'ai

allumé ma pipe chez ces dames du bal de la
Reine-Blanche.

LE GAMIN.

Il faut que j'y aille.

LE VOYOU.

Il vaut mieux servir les femmes que de servir
les tyrans.

LE MARIN.

Ta mère t'a donc appris à ne rien faire ?

LE VOYOU.

Travailler? pas si bête! je n'ai jamais voulu
donner ma sueur à ces fainéants de bourgeois.
Ma mère m'a mené un jour à l'atelier; mais elle
n'a pas recommencé le lendemain, parce que je
lui ai f— un coup de pied dans le ventre. La
vieille harpie! elle voulait vivre de mes bras.

LE GAMIN.

C'est tout comme ma mère quand elle voulait
me mener à l'église. Mais pas si bête non plus.

LE CISELEUR.

Ah! si j'avais écouté ma femme, je ne serais pas
là, crevant comme un chien.

LE MARIN.

Si tu croyais à Dieu, tu mourrais comme un
chrétien.

LE CISELEUR, *expirant.*

Tu as raison. Ah ! si j'osais prier Dieu ! donne-moi ta main, camarade.

LE MARIN, *lui donnant la main.*

Serrez-la bien, nous partirons ensemble, nous laisserons là ce voyou. Eh bien ! oui, nous prendrons le même compartiment, car vous n'êtes pas un méchant homme. C'est le journal et le club qui vous ont perdu. Dieu vous fera grâce. D'ailleurs quiconque paye sa folie par sa mort est toujours bien reçu là-haut. Ah ! comme je souffre !

LE CISELEUR.

Courage, puisque nous sommes deux.

LE MARIN.

Parlez-moi de ma mère.

LE CISELEUR.

Parlez-moi de ma femme et de mes enfants.

Il expire.

LE VOYOU, *vomissant son dernier soupir.*

S'il y avait un enfer ?

LE MARIN.

Lâche jusqu'au bout. Oui, misérable, il y a un enfer.

Un long et funèbre silence sous la barricade pendant que le canon tonne toujours.

LE GAMIN, *descendant de son arbre.*

Voilà les trois paroissiens qui ont pris l'express.

Regardant le voyou.

Celui-ci parlait bien. Mais il a tourné de l'œil comme les autres.

Regardant le ciseleur.

C'est celui-là qu'il faut fouiller. (*Le gamin fouille le ciseleur.*) Une montre ! et une montre qui est à l'heure, encore !

Regardant le marin.

Ce marin, ce n'est pas la peine de le fouiller : je suis sûr qu'il ne porte au cou qu'une petite médaille de la sainte Vierge, l'imbécile !

V.

COMMENT FINE-CHAMPAGNE FUT SAUVÉE.

> En France, le patriotisme est un commerce de lèvres.
>
> SAINT-JUST.

Ce jour-là, après avoir assisté à la résurrection de Carnaval, nous montâmes au Père-Lachaise avec nos deux compagnons et un lieutenant de vaisseau; on venait d'apporter dans la chapelle le corps du sénateur Bonjean, ce noble cœur qui s'est illustré par une si belle résignation chrétienne.

On l'avait jeté dans une fosse, en pleine terre, sans linceul. Il était presque méconnaissable; mais un de ses serviteurs, qui était survenu, l'embrassa en éclatant en sanglots.

Et comme le sourire est toujours près des larmes, cette effusion qui nous avait touchés fut réprimée par un mot que cet homme de sa maison répéta coup sur coup :

— Pauvre sénateur ! pauvre sénateur !

Ce n'était pas un sénateur qui était là, c'était mieux que cela, c'était un homme. C'était un homme de bien, dont l'intelligence avait éclairé la bonté.

Nous dépassâmes la chapelle, nous montâmes à gauche où tonnaient encore les batteries peu d'heures auparavant. Les canons étaient renversés, quelques artilleurs gisaient épars.

Deux avaient été tués sur leur canon, un dans la chapelle de M. de Morny, un autre contre le tombeau d'Eugène Delacroix.

Étaient-ce des déserteurs ou des hommes de la Commune ? Ils avaient l'habit officiel de l'artilleur.

Les feux des bivouacs brûlaient encore çà et là. Les morts avaient dû cette nuit-là se retourner plus d'une fois dans leurs tombeaux, mais le calme était déjà revenu. Les oiseaux chantaient comme s'ils n'eussent pas assisté à la bataille ; les roses des tombeaux s'ouvraient plus belles que jamais.

Et pourtant il y avait des gouttes de sang dans la rosée.

Mais la vie et la mort ne font qu'un. L'éternelle nature les étreint dans le même embrassement.

Nous regardâmes Paris : de blancs nuages de fumée s'élevaient encore de tous les monuments incendiés. Il semblait que la vie fût au cimetière et que la mort fût dans la grande ville.

Nous allâmes saluer du même coup Balzac et Gérard de Nerval, ces deux amis qui dorment en face l'un de l'autre. Ceux-là n'ont connu que les batailles de la paix, les batailles de la pensée, les batailles de l'argent, plus terribles que les autres, puisqu'elles tuent sans fusil, puisqu'elles imposent toutes les douleurs de l'agonie.

Près de ces deux tombes, nous nous arrêtâmes aussi devant Charles Nodier et Casimir Delavigne.

Nodier, un antique qui riait du monde moderne sans y hasarder beaucoup son cœur.

Delavigne, un contemporain s'il en fut, qui trouva le plus beau vers de son temps :

Qui vivra sera libre et qui meurt l'est déjà !.

Avec un pareil vers, comment ne pas défier toutes les servitudes?

Nous fûmes distraits de nos mélancolies poétiques par des coups de fusil. Tout n'était pas fini au Père-Lachaise; on faisait la chasse aux vivants dans le pays des morts.

Le lieutenant de marine qui nous accompagnait nous fit signe de nous arrêter.

En effet, les fuyards étaient poursuivis de notre côté. Ils passèrent près de nous et se précipitèrent dans les broussailles du versant qui regarde Paris avec une rapidité vertigineuse.

Ce n'étaient plus des hommes, c'étaient des tourbillons.

Certes, ceux-là avaient l'art de fuir et de se cacher, car au bout de quelques instants il sembla qu'ils se fussent évanouis.

— La brèche ! la brèche ! dit un des soldats qui les poursuivaient.

Une brèche avait été faite au mur d'enceinte, les fuyards pouvaient s'échapper par là. On courut à la brèche.

C'était l'heure même où le lecteur a pu voir mourir à la barricade des Amandiers le marin, le ciseleur et le voyou, en compagnie de cet horrible gamin né pour le mal qui se cachait sur un arbre.

Quand les soldats furent à la brèche, ils ne saisirent pas ceux qu'ils poursuivaient, mais ils mirent la main sur Fine-Champagne.

Nous arrivâmes bientôt pendant qu'ils se querellaient avec elle, car Fine-Champagne était fière et ne voulait pas être malmenée.

— Fusillez-moi si vous voulez, leur criait-elle, mais ne me touchez pas. Je n'ai fait de mal à personne, j'ai donné à boire à ceux qui avaient soif. Tenez, tout à l'heure encore, j'ai versé la dernière goutte de mon tonneau à un pauvre diable de marin qui était en train de mourir.

Nous calmâmes les soldats.

— Vous voyez bien que c'est une femme, et qu'elle ne s'est pas battue.

— Je sais le sort qui m'attend, dit Fine-Champagne d'un air décidé; je ne demande qu'une grâce, c'est de retrouver mon ami Carnaval.

Les soldats se mirent à rire, en disant qu'elle était folle; mais nous qui connaissions Carnaval, nous lui parlâmes de son ami.

— Votre ami va bien, lui dîmes-nous, il a échappé miraculeusement à la mort; remerciez Dieu et le colonel des marins. Mais dépêchez-vous de jeter votre tonneau et d'aller vous habiller en femme. Le lieutenant, nous n'en doutons pas, va vous donner un laisser-passer pour retourner chez vous. Que faisiez-vous avant la Commune?

— J'étais blanchisseuse à Montmartre; tous ces ivrognes-là m'ont endoctrinée. Simple histoire de rire. Je ne croyais pas que c'était sérieux. Et puis, qui pouvait s'imaginer qu'un petit pays comme Versailles aurait raison d'une grande ville comme Paris? Ah! si tout le monde s'était battu comme Carnaval!

— Voyons, ne faites pas de politique; puisque vous êtes blanchisseuse, la besogne ne va pas vous manquer; retournez à Montmartre, mariez-vous et vivez à la maison sans écouter Carnaval ni les autres.

— Je ne demande pas mieux, dit Fine-Champagne, mais va-t-on nous laisser un mari? Mon premier a été tué à Sedan.

— Allez, allez, avec votre figure, dit le lieutenant, un de perdu, deux de retrouvés.

Fine-Champagne ne se résigna pas sans quelque chagrin à détacher son tonneau. Un des soldats le lui prit des mains et porta la cannelle à ses lèvres.

— Tu n'es pas dégoûté, dit Fine-Champagne, qui ne pouvait s'empêcher de rire un peu. Tu ne sais donc pas que tous ceux qui buvaient là criaient : Vive la Commune!

Elle vit le lieutenant qui fronçait le sourcil.

— Bonsoir la compagnie, dit-elle en faisant une révérence.

Et soupirant :

— Mon pauvre tonneau ! poursuivit-elle.

Elle partit de son pied léger.

— Attendez donc, on va vous arrêter, lui cria le lieutenant.

Elle revint sur ses pas pendant qu'il lui crayonnait un laisser-passer.

— Merci, mon lieutenant, dit-elle, je vous jure, foi de Fine-Champagne, que si jamais je redeviens vivandière d'occasion, ce sera pour vous verser à boire quand nous ferons la guerre aux Prussiens.

— Bravo ! dirent les soldats, on a bien fait de ne pas descendre celle-ci.

— Mon lieutenant, j'ai encore une grâce à vous demander, dit Fine-Champagne, c'est de vous baiser la main parce que cette main-là a l'air de bien tenir son sabre.

— On ne baise pas la main d'un homme, dit le lieutenant ; on baise la main du pape, quand on ne lui baise pas le pied.

En disant ces mots, le lieutenant serra cordialement la main de Fine-Champagne.

— Allez, mon enfant ; mon colonel et moi, nous

n'avons pas plus de rancune que cela contre les Français; nous n'avons de haine vivace que contre les Prussiens.

Quand nous repassâmes devant la Roquette, nous crayonnâmes un mot à notre tour pour Carnaval. Il fallait bien lui dire, puisqu'il revenait à de si bons sentiments, que cette brave fille n'était pas morte.

En descendant la rue de la Roquette, nous vîmes beaucoup de fédérés tués à la barricade de la place Voltaire, sous les yeux du philosophe qui avait la fièvre, en ses dernières années, à tous les anniversaires de la Saint-Barthélemy.

Que devait-il penser à cet horrible spectacle de Français se tuant les uns les autres?

Il y a cent ans, il accusait le christianisme de tous les malheurs de l'humanité. Ce n'est pourtant pas le christianisme qui a inspiré ces révolutions successives qui menacent de dévorer la France sous prétexte d'illuminer le monde.

Ce sera la lampe des morts.

Voltaire lui-même avait reçu un boulet dans sa statue, comme si les révolutions dussent détruire jusqu'au passé.

Parmi les fusillés de la Roquette, nous avions

remarqué une jolie fédérée, mains blanches et bottines mordorées. Parmi les morts de cette barricade qui faisait face à la statue de Voltaire, nous remarquâmes une autre fédérée tout aussi jolie, couchée sur son fusil, sa main blanche sur un pavé, son petit pied flottant dans un affreux soulier Godillot.

La pauvre fille avait bravement fait le sacrifice de sa coquetterie pour chausser ce soulier d'homme.

Ce contraste nous toucha plus que la petite bottine mordorée.

On nous apprit que cette pauvre combattante était une fleuriste de la rue Saint-Denis, maîtresse d'un capitaine qui avait fui au premier coup de feu.

Pauvre fille! c'était bien la peine de se faire tuer pour un pareil chenapan.

VI.

LA COUR MARTIALE.

> Faire grâce, c'est punir; car si on fait grâce de la mort, on ne fait pas grâce de la vie.

Au retour de ce pèlerinage au Père-Lachaise, comme nous contemplions avec une muette horreur les Tuileries incendiées, ce palais de malheur pour les rois et pour les peuples, — où est le palais du bonheur? — nous reconnûmes dans la troupe campée rue de Rivoli un jeune capitaine de nos amis qui purgeait la butte Saint-Roch de toutes les bêtes méchantes et venimeuses qui s'y étaient cachées.

Quoique tout parût presque fini, l'insurrection jetait le dernier coup de griffe de la hyène : des coups de fusil étaient tirés de quart d'heure en quart d'heure sur les soldats. D'où partaient-ils? De tous les côtés, du soupirail de la cave comme de la lucarne de la mansarde.

Les plus acharnés s'imaginaient que la bataille n'était pas perdue, ils brûlaient leur dernière cartouche, persistant à croire que sans les officiers les soldats seraient pour eux.

Le capitaine avait les larmes aux yeux, on venait de lui tuer son lieutenant à côté de lui, au coin de l'Assomption.

On fouillait les maisons de la rue Saint-Honoré ; on venait de fusiller un horloger qui avait eu la prétention de faire des remontrances à un colonel sur la loi martiale. Ce n'était pas l'heure, d'autant plus qu'il paraissait trop sympathique aux vaincus. On le soupçonnait non-seulement d'avoir fraternisé avec eux, mais d'avoir caché son fusil, car il avait encore les mains noires.

La mort du lieutenant fut une douleur bruyante et profonde.

— Puisque vous êtes horloger, dites-nous un peu l'heure qu'il est, demanda un soldat à l'avocat des communeux.

— Il est midi.

— Eh bien, reprit le soldat, vous vous souviendrez dans l'autre monde qu'il était midi quand je vous ai brûlé la cervelle.

Et l'horloger tomba dans l'éternité.

Presque au même instant, on amena une créature plus ou moins humaine qui tenait de l'homme et du gamin.

Nous avons eu à la barricade des Amandiers le déplaisir de montrer à nos lecteurs un joli voyou « vomissant son dernier soupir. »

Ce n'était pas le seul.

On en amenait un autre devant le capitaine, tout aussi parfait dans son imperfection, — lâche, cruel, blagueur, bravache, — toutes les vertus des barricadiers patentés.

— Pourquoi font-ils des barricades ? demandait-on au cardinal de Retz.

— C'est pour se mettre à l'abri, répondit-il.

En effet, les soldats de l'émeute ne feraient jamais d'émeutes en pleine campagne ; protégés par la barricade, ils sont chez eux : voilà pourquoi ils feront toujours des barricades.

Si on leur disait : « Vous allez venir tous tant que vous êtes dans la plaine Saint-Denis, vous aurez à combattre les vrais soldats ; vous serez dix contre un avec les mêmes armes, » les barricadiers ne se présenteraient pas. Toutes les bêtes féroces ont leurs tanières, tous les émeutiers ont leurs barricades.

Le nouveau voyou qu'on venait d'amener au capitaine se présenta avec la souplesse d'un acrobate.

Le lecteur n'a peut-être pas oublié ce chenapan nommé Casse-Cou qui insultait, au parc de Neuilly, deux réfractaires qu'on allait fusiller ? D'un coup de pied, Carnaval l'avait envoyé rugir à dix pieds de lui. Par malheur, Casse-Cou n'était pas mort de ce coup de pied de cyclope.

C'était lui qu'on amenait devant le capitaine.

On ne l'avait pas arrêté les armes à la main. C'était plutôt lui qui s'était livré dans l'idée de se faire des amis parmi les soldats de Versailles.

Il voulut parler :

— Mon capitaine...

— Je ne suis pas votre capitaine.

— Monsieur le capitaine, ces brigands-là ont failli me fusiller comme réfractaire, car je n'ai jamais voulu marcher avec eux. Voyez plutôt mes mains.

Le capitaine sourit en haussant les épaules.

— Oui, oui, je connais ces manières-là. Il y en a qui s'en lavent les mains parce qu'ils se sont lavé les mains.

Casse-Cou était anxieux.

— D'ailleurs, reprit-il, les lèvres blanches et les yeux hagards, je puis rendre des services...

Et il regardait les fusils des soldats, comme s'il sentait déjà la mort venir.

— Je sais où se cachent les deux frères ***, deux commandants qui ont fait beaucoup de mal.

En effet, les deux frères *** avaient résisté à la tête de leurs bataillons avec un courage à toute épreuve. Au pont de Neuilly et au pont d'Asnières, ils avaient décimé l'armée de Versailles. C'étaient les vaillants d'une mauvaise cause. Ils n'avaient pu se faire tuer dans l'action, ils se cachaient dans la défaite.

— Eh bien! dit le capitaine à Casse-Cou, si vous savez où ils sont, allez les chercher, dix de mes hommes vont vous accompagner.

On ne saurait s'imaginer la joie de cet horrible chenapan : sa figure s'épanouit comme si la bénédiction du ciel fût venue jusqu'à son cœur, je veux dire comme s'il se fût attablé en compagnie d'un litre de vin bleu.

Il partit en sautillant pour son horrible campagne.

Ce ne fut pas long; au bout de dix minutes il revint gaiement avec les deux commandants.

Ceux-là, c'étaient des hommes : la passion politique les avait égarés, mais ils conservaient toute la dignité du vaincu qui n'a pas failli à la bravoure. Ils étaient beaux tous les deux ; quoique leur costume fût souillé, ils le portaient noblement, sans avoir voulu arracher leurs galons, comme faisaient tous les lâches de la dernière heure.

— Capitaine, dit celui qui marchait en avant, nous n'avons rien à vous dire, faites-nous fusiller, puisque c'est la loi du plus fort.

Nous étions déjà tous émus profondément ; nous regardions tour à tour les deux commandants et le capitaine avec anxiété ; nous ne respirions plus ; une pâleur soudaine s'était répandue sur tous les visages. Ce jour-là encore, on fusillait sans merci quelques chefs comme pour venger les otages.

— Nous ne vous demandons qu'une grâce, capitaine, reprit le commandant qui avait déjà parlé : c'est de mourir du même coup moi et mon frère, la main dans la main : nous ne voulons pas être séparés dans la mort.

Un silence terrible ! — nous entendions battre notre cœur.

— Capitaine, dit le plus jeune commandant, voici ma montre, vous la remettrez à ma mère.

Le capitaine prit la montre.

— C'est tout votre testament?

— Oui, capitaine. Nous pouvons mourir le front haut, car si nous avons fait le mal, c'est en croyant faire le bien. La mort ne nous fera pas changer d'opinion; c'est au nom de l'humanité, toujours trahie, que nous nous sommes battus.

Le commandant prit dans sa poche trois napoléons et deux billets de vingt francs.

— Cet argent est bien à moi, je le donne aux soldats qui vont me fusiller.

Un des soldats se récria :

— Nous ne fusillons pas pour de l'argent.

— Vous vous méprenez, dit le commandant, c'est pour prouver que je meurs sans haine. On donnera cet argent aux pauvres.

Et regardant le capitaine en face :

— Allons, capitaine, nous attendons.

Le capitaine était en présence de son devoir et de sa conscience; il voulait parler, les paroles se glaçaient sur ses lèvres.

— Vous n'êtes pas encore condamnés, murmura-t-il.

Tout le monde respira.

Seul, Casse-Cou, qui regardait cette scène en souriant, comme s'il fût au paradis de la Porte-Martin, pour parler comme lui, se rembrunit tout à coup.

Le capitaine reprit, en s'adressant aux deux commandants :

— Cet homme que vous voyez là, devant vous, a servi sous vos ordres ?

— Oui, capitaine; on me l'avait recommandé; je l'ai même pris comme ordonnance, mais je n'ai pas eu à me louer de lui.

— C'est lui qui vous a trahis.

— Nous n'en doutons pas, car il a toujours joué un double jeu.

— Eh bien, messieurs, avant de vous faire passer en cour martiale, je vais vous donner le spectacle de la justice.

Le capitaine ordonna à ses hommes de fusiller Casse-Cou.

Ce chenapan chancela et se roula tout éperdu aux genoux du capitaine.

— Grâce ! grâce ! grâce ! cria-t-il; on m'avait promis la vie sauve; je ferai tout ce qu'on voudra, j'en dénoncerai d'autres encore. Grâce ! grâce ! grâce !

Le capitaine arma son revolver.

— Non, dit-il en le désarmant, je ne veux pas que le sang d'un lâche rejaillisse sur moi.

Et se tournant vers les soldats :

— Fusillez-moi ce traître.

Les soldats dirent à Casse-Cou de se lever pour recevoir la mort ; mais il n'était pas de ceux qui attendent la mort debout ; on le fusilla dans le ruisseau, comme un chien enragé.

Je ne doute pas que les plus opiniâtres apôtres de l'abolition de la peine de mort n'eussent applaudi à cette exécution.

Le monde était délivré d'une abjecte créature qu'il fallait rejeter au néant. La vie s'était trompée, la mort devait passer à son creuset ce vert-de-gris.

VII.

L'HOMME ANONYME.

> L'humanité a le front dans le ciel et les pieds dans l'abîme.
> NEWTON.

Le lendemain — c'était le dimanche 29 mai, à six heures du matin — je rencontrai le comte de Volnay devant le palais du Conseil d'État, qui brûlait encore. Je fus frappé de sa pâleur. Il me dit en quelques mots l'histoire de sa sœur. Nous nous hasardâmes à travers les poutrelles fumantes. Nous vîmes venir à nous un petit homme qui avait l'air d'un clerc d'huissier sans emploi.

— Que savez-vous, Hobard ?

— Tout et rien. J'arrive de Bercy, où j'ai assisté à l'acte d'accusation, à la condamnation, au recours en grâce, et à l'exécution de six femmes incendiaires, d'abominables créatures bien connues à la Préfecture de police.

— Comment se trouvaient-elles à Bercy, si c'étaient des pétroleuses?

— Elles ont fait comme tous les insurgés, elles s'étaient repliées, mais celles-là s'étaient repliées au bon coin, au milieu de cinquante tonneaux de vin et d'eau-de-vie étagés sur le quai. Je vous prie de croire que plus d'une tonne avait été mise en perce par ces drôlesses; aussi étaient-elles soûles de vin bleu, de vin rouge et de vin blanc, — l'ivresse tricolore. — Mais elles avaient l'écharpe rouge nouée autour du corps. Elles n'étaient pas seules, il y avait avec elles un commandant et sa maîtresse.

Hobard se baisa le bout des doigts pour exprimer combien celle-là était jolie.

— Très-jolie! Elle était digne d'un meilleur sort. Fort gentille et fort bien attifée. Il y avait encore trois soldats de la ligne qui avaient déserté, un canonnier et un fédéré, tous les autres avaient fui plus loin. L'affaire du commandant fut bientôt faite; il mourut en regardant sa maîtresse et en criant: Vive la Commune! La pauvre fille était terrifiée; elle avait l'air de ne pas croire que ce fût arrivé; peut-être aimait-elle bien son commandant, mais elle ne montra pas qu'elle voulût mourir avec lui; elle voulait fuir ou se dérober.

— Et les autres femmes?

— Les autres femmes! peut-être se fût-on contenté de les faire prisonnières, puisqu'il y a un dieu pour les ivrognes; mais la première, plus soûle encore que les autres, injuria les soldats et leur jeta une bombe Orsini. Or, savez-vous où elle avait niché cette bombe, car elle ne la portait pas à la main?

— Dites!

— Eh bien, elle cachait sa bombe dans son chignon!

— Voilà un singulier arsenal, dit René de Volnay avec quelque surprise.

— Elle n'était pas la seule; deux autres encore avaient ainsi bouffé leur chignon, ce qui acheva de les condamner toutes, même la maîtresse du commandant, qui n'avait pas de chignon. On les mit deux par deux devant un mur. La petite frisette aux cheveux bouclés se cachait jusque-là derrière les autres; on la mit toute seule, la septième, devant le mur. Quatre secondes de plus, c'était fini d'elle; mais elle se jeta éperdument vers un officier, en criant : « Je ne veux pas mourir! » — Eh bien, dit l'officier attendri, celle-là ira à Versailles ; qu'on fusille les six autres. Quatre secondes après, la dernière mordait la poussière à côté du commandant.

— Savez-vous le nom de ce commandant?

— Il a dit qu'il se nommait Surgère ; mais ce dernier mot a été un mensonge.

— Vous êtes bien sûr que ce n'était pas M. Adolphe Ducharme ni sa maîtresse, la Duportail? Hobard, il faut que vous me trouviez aujourd'hui, mort ou vif, ce chef de légion des insurgés qui s'était baptisé du nom de Cœur-de-Lion, mais dont le vrai nom est Ducharme.

Le comte de Volnay portait sa main fiévreuse à son revolver.

— Je le connais bien, dit le petit homme en roulant ses prunelles de feu et en respirant à larges narines comme s'il était déjà sur la piste de l'insurgé.

Le personnage du Conseil d'État avait ouvert son porte-cigares sans écouter la réflexion de Hobard, lequel s'empressa de prendre un tison.

— Voilà du feu, reprit-il.

— Jamais! ce feu-là me brûlerait les entrailles.

Il repoussa le tison d'un air indigné et fit flamber une allumette.

— Il me faut ce Ducharme ; vous êtes un fin dénicheur de merles, vous entendrez siffler celui-là.

— Ah ! j'ai bien peur que celui-là n'ait sifflé son *De profundis*, car il paraît qu'on l'a vu tomber tout sanglant au pied d'une barricade.

— Il me faut ce colonel. Il n'est ni membre du Comité central ni membre de la Commune ; mais il est au-dessus de toute cette racaille. Cœur-de-Lion jouait au milieu d'eux sans mettre sa griffe sur leurs forfaits ; mais ce qu'il y a de viril dans la défense de Paris, c'est lui qui l'a inspiré.

Le comte de Volnay se reprit :

— Quand je dis : c'est lui, c'est bien aussi sa maîtresse, une quasi-baronne, une drôlesse de tous les mondes, même du meilleur.

Hobard opina du chapeau :

— Je sais ce que vous voulez dire : Mlle Angéline, ci-devant fille d'un horloger du faubourg Saint-Germain ; ci-devant lingère rue de la Paix, d'où elle s'envola un jour à Bade avec un journaliste. Je l'ai retrouvée à Monaco, au trente-et-quarante, avec un prince moldave. Revenue à Paris, elle a été pour quelque chose dans un emprunt étranger, — le trait d'union. — Ces coquines-là finiront par gouverner le monde, si on laisse pleuvoir l'argent dans leur main. Après cela, elle est devenue baronne ; mais il paraît qu'elle n'en était pas plus riche au 4 septembre. C'est vers ce temps-là qu'on l'a vue s'acoquiner à Ducharme, qui revenait du côté de la Lorraine avec beaucoup de galons, sous prétexte qu'il avait commandé une compagnie de francs-tireurs, qui, je crois bien, avait tué plus de grives que de Prussiens.

— Je vois avec plaisir que vous savez votre histoire. Tant vaut l'homme vaut la femme. Vous mettrez la main sur la demoiselle. Quand j'aurai Cœur-de-Lion et sa maîtresse, il n'y aura plus de secret pour nous dans la Commune, ni dans l'avant-Commune ni dans l'arrière-Commune ; on pourra couper tous les fils de cette abominable comédie. Commencez par le commencement ; sachez d'abord s'ils sont vivants.

— Je commence quelquefois par la fin, parce que c'est le chemin le plus court ; mais soyez sûr que je ne perdrai pas une heure.

Voilà, à quelques mots près, les termes de cette conversation matinale dans les ruines du Conseil d'État.

Pourquoi René de Volnay voulait-il Cœur-de-Lion et l'Amazone ?

VIII.

OU EST LA FEMME.

> Un portrait de femme trahit la femme, si le peintre a du génie, puisqu'il démasque le cœur. Devant le peintre, Célimène n'a plus d'éventail.
>
> OCTAVE DE PARISIS.

> Le chien est l'ami de l'homme, parce que le chien n'a pas encore d'opinions politiques.
>
> LÉON GOZLAN.

A côté de la police officielle, il y a la police de fantaisie; c'est la plus forte, parce que c'est la plus hardie. Elle a le travail nocturne de la taupe, mais elle a des rapidités d'aigle et de lion. Elle a l'oreille dans les murs, elle a la clef des portes dérobées, elle a le secret des cœurs. Celle-là sait les mystères de Paris; mais elle ne travaille qu'à ses heures, car elle a ses jours de paresse. Elle aurait honte d'elle-même si elle n'était sceptique et capable de trahir ceux qu'elle sert comme ceux qu'elle livre.

Hobard appartenait à la bande de la police de fantaisie, bande indisciplinée s'il en fut. Hobard servait Dieu et diable. Quand le préfet n'avait pas de travail pour lui, il travaillait pour le premier venu : ici pour une agence matrimoniale à l'affût des dots, là pour un amoureux qui voulait gagner une servante à sa cause, plus loin pour un créancier en peine de son débiteur, et cent autres immixtions dans le secret des familles et des affaires.

Vous n'espérez pas, j'imagine, que je vous dise d'où venait cet homme. Je n'en sais rien ; je ne veux pas le savoir. Il est probable qu'il n'avait été ni sénateur ni agent de change. Après cela, le bagne est peuplé de gens de bien qui ont fait quelque figure dans le monde.

J'entends encore la voix bien timbrée du personnage ; je vois encore la figure lumineuse du « dénicheur de merles. » Ce n'était pas cette éternelle figure d'agent de police peinte dans tous les romans ; il avait au contraire l'air d'un sacristain, une bonne bête de physionomie qui n'effarouchait personne ; tous les secrets fussent venus familièrement se poser sur lui comme les oiseaux sur les bœufs de Pierre Dupont. C'est que Hobard était plus fort que ses pareils; il cachait son jeu, comme cette grande dame qui disait à la princesse de Liéven : « Je suis bien meilleur diplomate que vous : vous avez des airs diplomatiques, et j'ai la mine d'une étourdie. »

On sait qu'Adolphe Ducharme était allé prendre un appartement, à Montmartre, rue des Abbesses, comme pour se retremper sur le sol plébéien.

Hobard savait sa nouvelle demeure.

C'était un rez-de-chaussée obscur et humide, où un homme habitué au luxe n'eût pas voulu mettre le pied s'il n'eût été pris par une illusion de jardin, dix mètres carrés, un arbre, une treille, un massif, quelques roses maladives, un gazon clair-semé et un banc moussu.

Le rez-de-chaussée était assez vaste. Ducharme y avait jeté pêle-mêle tous ses meubles, dans le beau désordre de sa vie. Il n'avait même pas accroché ses tableaux ni ses gravures. De simples rideaux de vitrage tombaient sur les fenêtres. On sentait bien, en entrant dans le rez-de-chaussée comme dans le jardin, que cela n'était pas habité; en effet, le nouveau locataire n'y avait pas couché une seule fois. Il y passait çà et là dans la journée, souvent seul, quelquefois avec un ami; il feuilletait des lettres dans le salon ou fumait un cigare dans le jardinet; après quoi il reprenait bientôt sa course vagabonde à travers toutes les ambitions démocratiques.

Il aurait pu ne pas aller du tout rue des Abbesses, puisque sa vie n'était pas là. Mais il y venait voir tous les jours un ami, le meilleur de ses amis: — son chien.

Vous connaissez Thermidor? C'était un vrai chien français, — je me trompe, — c'était un griffon écossais, avec les bâtardises de caniche canadien. Ni grand, ni petit; un animal dont on n'eût voulu ni dans un salon ni dans une meute; une bête plébéienne s'il en fut, mais si bonne qu'elle en était belle. Dans sa tête intelligente, on reconnaissait tout de suite toutes les vertus de la résignation et du sacrifice.

Aussi, était-ce tous les jours une vraie fête pour l'homme comme pour le chien. On se jetait dans les bras l'un de l'autre. Thermidor pleurait de joie; il aboyait, il dansait, il disait mille choses par les yeux et par les caresses. Si Ducharme s'asseyait dans le salon, le chien, tout respectueux qu'il fût pour un maître qui avait six galons, sautait familièrement sur ses genoux, parce que l'amitié l'emportait sur la déférence.

Dans le jardin, Ducharme pouvait tourner cent fois autour de son acacia comme Méry autour de son arbre de Marseille, sans perdre d'un pas son ombre, je veux dire son chien. Thermidor comprenait la rêverie ou la préoccupation de son maître ; il ne voulait pas le troubler par ses jappements ou par ses familiarités ; il le suivait silencieusement, imitant les airs penchés ou conspirateurs, les mouvements d'inquiétude ou d'enthousiasme de cet homme qui se croyait quelqu'un ou quelque chose dans la révolution nouvelle.

Venait l'heure fatale des adieux ; la joie n'avait duré qu'un quart d'heure ; cette fois on s'embrassait encore, mais tristement. Le chien regardait son maître avec l'expression d'une femme abandonnée ; il contenait ses cris, parce qu'il craignait d'affliger Ducharme, mais il ne pouvait masquer son chagrin.

Il était arrivé quelquefois au jeune homme d'emmener la bête à travers Paris ; c'était alors de folles gaietés ; mais cela était arrivé si rarement que Thermidor n'osait pas demander cette promenade sur le seuil. Il s'asseyait gravement et acceptait sa solitude quand son maître allait fermer la porte pour partir.

Un facétieux camarade de Ducharme disait souvent : « Savez-vous où va ce conspirateur ? Il va voir son chien ou Flourens, deux bonnes bêtes. »

Quand Angéline se plaignait à son amant de ne pas l'avoir vu, il lui disait si souvent qu'il était allé voir son chien qu'elle avait fini par prendre Thermidor en grippe.

Elle s'était avisée, pour retenir plus longtemps Ducharme, de vouloir prendre le chien chez elle ; mais Thermidor n'était pas un chien de petite-maîtresse ou de courtisane. Elle en avait d'ailleurs un autre, un bichon à faveurs roses, bien peigné et bien ambré, un aristocrate qui avait grogné devant la canaille.

Thermidor fut renvoyé à sa niche.

Quand Hobard fut dans la rue des Abbesses, à cinquante pas de la maison de Ducharme, il vit passer près de lui un chien qui marchait lentement et qui se retournait comme s'il cherchait son maître.

Quoiqu'il ne fût pas beau, quoiqu'il eût le poil en insurrection, quoiqu'il eût le regard en dessous d'un être qui n'a pas confiance, Hobard, qui avait un nez de chien, appela la bête de la voix et de la main.

Un secret intime lui disait que ce chien lui serait bon à quelque chose.

— C'est un chien d'insurgé, murmura-t-il, puisqu'il a perdu son maître.

Quoique Hobard voulût caresser le chien, Thermidor ne vint pas à lui.

L'homme anonyme passa outre et fut bientôt devant la maison d'Adolphe Ducharme.

Comme il allait entrer dans la cour pour parler au portier, il s'aperçut que le chien l'avait suivi, mais à distance. Il le regarda mieux ; il vit que Thermidor était plus inquiet.

Un charbonnier passait.

— A qui donc ce chien perdu ? lui demanda Hobard.

— Ce chien perdu ne retrouvera pas son maître, dit le charbonnier.

Le chien sembla comprendre qu'on s'occupait trop de lui. Il passa son chemin.

Hobard entra dans la loge du portier.

— Est-ce que ce chien qui passait là n'est pas de la maison ?

— Il a été de la maison, citoyen.

— Oui, monsieur, dit la femme effrayée de ce mot « citoyen » échappé des lèvres de son mari, car Hobard avait l'air d'un mauvais citoyen.

— Oui, monsieur, ce chien était de la maison ; mais comme il n'y a plus personne dans la maison, il n'est plus de la maison. La pauvre bête court tout Paris à la recherche de son maître, mais elle revient toujours de notre côté. Que voulez-vous ? Thermidor n'était pour rien dans la Commune, pas plus que nous. Il ne faut pas lui en vouloir si son maître a été fusillé ou tué sur une barricade.

— Son maître, c'était Ducharme, le chef de légion ?

— Oh ! monsieur, nous ne connaissions ni son nom ni son titre.

— Enfin, c'était Cœur-de-Lion ?

— Oui, c'est bien cela ; il n'était connu que sous ce sobriquet ; mais il avait payé d'avance, tout en nous disant : Si on vous demande qu'est-ce qui habite ce rez-de chaussée, vous direz que vous n'en savez rien.

Hobard montra un ordre du préfet de police qui lui permettait d'entrer partout.

Il entra donc dans l'appartement d'Adolphe Ducharme.

La première pièce était si sombre qu'il demanda deux bougies, comme pour descendre dans les catacombes.

— Cet homme se cache ici? dit-il au portier d'une voix brève et sûre.

— Je vous jure, citoyen, qu'il est mort vers le mardi ou le mercredi; il n'a point reparu.

— Qui vous dit qu'il soit mort?

— C'est son chien. Voyez-vous, monsieur, reprit la portière, dans la nuit du mercredi au jeudi, la pauvre bête a pleuré jusqu'à nous empêcher de dormir. Je sais bien que ce n'est pas une grande perte; mais un chien, n'est-ce pas? ça n'a pas d'opinion, ça pleure aussi bien un insurgé qu'un soldat de Versailles.

La portière porta son tablier à ses yeux.

— Dès la pointe du jour, monsieur, dès que j'ai ouvert la porte, le chien s'est enfui à toutes jambes; je suis sûre qu'il voulait revoir son maître. Le soir, il est revenu en pleurant, parlant à mon mari et à moi, comme si nous en savions plus que lui. Il ne l'avait pas retrouvé. Depuis, il va, il vient, comme un pauvre chien perdu.

Hobard était retourné vers la porte cochère pendant que la portière allumait une bougie et une chandelle, car elle n'avait trouvé qu'une bougie chez Cœur-de-Lion.

— Appelez donc le chien, dit-il au portier.

Le bonhomme obéit.

— Thermidor! Thermidor! cria-t-il à la pauvre bête.

Les chiens, qui font un peu le même service que les portiers, ne se rencontrent jamais sans grogner.

Thermidor ne répondit pas à l'appel de celui-ci.

— Attendez, dit la portière, j'ai mon moyen.

Elle alla droit à Thermidor et lui parla comme à un petit enfant. Il s'adoucit et s'apprivoisa sous ses caresses, quoiqu'il eût l'air encore de s'en défier.

— Viens, mon ami, viens avec moi, je te donnerai du sucre et je te parlerai de Cœur-de-Lion.

Thermidor avait vaguement compris que le nouveau venu s'occupait de son maître. Peut-être était-ce un ami de Cœur-de-Lion qu'il ne reconnaissait pas. Il se laissa prendre, agitant la queue avec un demi-espoir.

Thermidor aimait la maison, mais ne restait pas souvent à la maison.

Il courait Montmartre; il venait jusqu'au café de Madrid pour voir son maître; il allait chez Mme Ducharme, rue Saint-Lazare ; il se hasardait jusqu'à la porte d'Angéline Duportail, pleurant ou aboyant pour se faire ouvrir.

Mais, le soir, il rentrait comme un bon citoyen qui n'aime pas les querelles nocturnes.

Quoique Cœur-de-Lion l'aimât beaucoup, il ne l'emmenait presque jamais aux avant-postes, ne le trouvant pas digne de l'état-major d'un chef de la Commune. Quand il rentrait, on lui ouvrait l'appartement, il se précipitait dans toutes les pièces, comme s'il dût retrouver son maître; mais ce n'était que l'affaire d'un instant. Il revenait dans l'antichambre et hurlait sa désolation.

C'était bien pis depuis quelques jours, il semblait que son âme de bête fût à la hauteur tragique des événements : il avait les cris superbes du désespoir.

Cette fois encore, il courut dans toutes les pièces; mais l'agent de police vit tout de suite que Cœur-de-Lion n'était pas là, car le chien revint jusque dans la cour avec la mine plus désolée encore.

— Madame, dit Hobard à la portière, gardez-moi ce chien.

—Comme pièce de conviction? dit cette femme, qui ne comprenait pas.

— Oui, dit Hobard, qui n'aimait pas les explications.

Il se contentait de prendre quelques notes pour peindre la physionomie de l'appartement, quand tout à coup il fut arrêté dans son rapide examen par un admirable portrait de femme peint par Renoir, un peintre de l'école réaliste qui fait crier la vérité.

Ce portrait, c'était la femme elle-même ; on sentait la vie, on voyait l'âme. Il ne lui manquait même pas la parole, tant ses yeux et sa bouche avaient l'éloquence du cœur et de l'esprit.

La femme était peinte en pied, avec quelque mauvais goût, dans une chambre capitonnée de soie bleu-de-ciel. Elle était vêtue d'une robe blanche, si légère et si transparente, que le regard le moins chercheur pénétrait par toutes les beautés du buste. L'artiste avait merveilleusement montré la chair sous l'étoffe. Aussi Ducharme avait-il dit à quelqu'un de ses amis : « Ne regardez pas ma maîtresse, elle est en robe montante. »

Ce qui voulait dire, à peu près, que la robe du peintre la déshabillait.

La dame effeuillait mélancoliquement un bouquet : les dernières illusions sans doute, quoiqu'elle fût bien jeune; mais on jugeait sur sa physionomie qu'elle était trop savante en toutes choses.

Très-belle créature d'ailleurs; grande, désinvoltée, tout à la fois fière et féminine; je ne sais quel dédain dans la bouche, tandis que l'œil versait des regards voluptueux. Vraie figure de courtisane qui cherche à briser la ceinture du serpent, mais qui ne fait que s'y étreindre de plus en plus.

Hobard, qui, selon sa coutume, avait laissé son cœur à la porte, n'en fut pas moins sous le charme de cette femme étrange.

— Ah! murmura-t-il, ces gredins-là ont supprimé Dieu et le diable, mais ils auront beau faire, Dieu leur survivra, et le diable sera toujours la femme.

Hobard était un drôle, mais il tranchait du philosophe. A force de chercher le secret des hommes, il avait fini par découvrir çà et là le secret des choses.

Il contemplait avec un plaisir secret ce portrait d'Angéline Duportail, tout vivant par la force créatrice du peintre. Renoir n'avait pas voulu faire plus beau que nature : voilà pourquoi son portrait était si profondément vrai.

Une femme du monde aurait voulu que la robe fût moins chiffonnée ; sans doute elle aurait demandé la figure moins blanche pour qu'on' ne l'accusât pas du crime de poudre de riz ; les sourcils moins noirs pour qu'on n'y vît pas le crayon ; mais le peintre inexorable avait tout dit par son pinceau, n'oubliant pas de carminer les lèvres, selon les habitudes de la dame.

— Voilà Thermidor! dit tout à coup la portière ; j'ai eu bien de la peine à le rattraper.

Hobard caressa le chien et le prit sans façon pour le présenter devant le portrait.

—Tiens, lui dit-il, tu connais bien cette femme-là?

IX.

CŒUR-DE-BÊTE.

> Quand c'est le cœur qui mène l'esprit, le cœur perd l'esprit. Quand c'est l'esprit qui mène le cœur, l'esprit perd le cœur.
>
> MARIVAUX.
>
> Regarde bien ta porte quand tu sortiras, car tu n'es jamais bien sûr de rentrer chez toi.
>
> **Sentence arabe.**

La portière devenait bavarde.

— Si Thermidor connaît l'Amazone! dit-elle, je le crois bien; car cette « jeune personne » venait quelquefois avec M. Cœur-de-Lion. Elle était un peu fière, mais elle était bonne au pauvre monde; un jour qu'elle me trouva malade, elle me donna un billet de cinquante francs. Pendant le siége, c'était beau, n'est-ce pas?

— Elle avait donc beaucoup d'argent? demanda Hobard, qui revenait à son rôle de juge d'instruction.

— Ah! ni moi non plus! Ce que je sais, c'est qu'un autre jour elle m'a encore donné un billet de vingt-cinq francs pour le chien, en me disant : Il faut que tout le monde vive. Elle savait que M. Cœur-de-Lion, qui adorait Thermidor, pouvait bien le laisser mourir de faim, parce qu'il pensait à autre chose.

— Eh bien, Thermidor, dit une seconde fois Hobard au chien, reconnais-tu bien cette dame-là ?

Le chien le regarda après avoir regardé le portrait, comme s'il cherchait à comprendre.

— C'est bien, madame, dit Hobard à la portière, je vais continuer ma perquisition, mais le chien restera avec moi. — Tenez, il faut que tout le monde vive, comme disait la dame.

Et il donna cent sous à la portière.

Resté seul avec le chien, il lui passa trois ou quatre fois la main sur l'oreille; il le flatta de quelques tapes sur le museau et sur l'oreille, lui parlant toujours pour l'accoutumer à sa voix.

Il fureta partout, regrettant de n'avoir pas pris un serrurier pour ouvrir les meubles; mais il se promit de revenir. D'autant plus qu'il savait bien que c'est encore dans leur maison qu'on a plus de chance de trouver ceux qui se cachent, parce qu'ils ont toujours oublié quelque chose et parce qu'ils se croient mieux cachés chez eux que chez leurs amis.

Tout en allant d'une pièce à l'autre, il s'aperçut que le chien flairait quelque chose sur une petite console; il s'approcha et vit que c'était des gants dépareillés d'homme et de femme; un gant de peau-de-chien, un gant gris-perle, un gant noir et un gant paille. Que faisaient là ces gants? Sans doute Angéline avait un jour oublié les siens. Peut-être Ducharme les avait-il gardés par souvenir.

Hobard regarda encore le portrait.

— C'est bien la main des gants paille, dit-il.

Il saisit tous les gants, les présenta au nez du chien et les mit dans sa poche.

C'en était fait, il avait son talisman. Le chien était conquis à l'homme.

Aussi, quand il sortit, qui fut bien étonné, ce fut la portière de voir que le chien suivait Hobard sans retourner la tête.

— Vous reviendrez, n'est-ce pas, monsieur? dit-elle en clignant de l'œil.

— Oui, oui, répondit-il.

— A la bonne heure, car, voyez-vous, cela me

fait peu de peine pour M. Cœur-de-Lion, puisque c'était un insurgé; mais son chien, n'est-ce pas? c'est autre chose, il n'a fait de mal à personne. Pour nous, c'est comme l'enfant de la maison; s'il revient tous les jours ici, ce n'est pas parce que je lui donne sa pâtée, c'est parce qu'il nous aime. Nous n'avons pas de quoi nous payer des bêtes, ni chat, ni serin, ni chien; mais si on avait de mauvaises intentions sur Thermidor, il faudrait le dire, car nous serions des père et mère pour lui.

Disant ces mots, la portière éternua irrévérencieusement au nez de l'homme anonyme.

— Elle cache bien son jeu, murmura Hobard; vraie nature d'insurgée : ce n'est pas le chien qu'elle voudrait voir revenir, c'est le maître. Mais je tiens la clef de tout.

Et il siffla Thermidor.

Il savait la demeure de la ci-devant baronne de Courthuys, qui avait repris gaiement son nom d'Angéline Duportail.

L'Amazone, en quittant le faubourg Saint-Germain, était venue se nicher dans un petit appartement de la rue de l'Arcade.

Une de ses amies qui l'accompagnait lui dit :

— Quoi, tu vas habiter ce petit coin-là !

— Reviens dans huit jours et tu verras.

En effet, huit jours après, le petit coin était métamorphosé par le génie d'un tapissier et par la richesse de l'ameublement.

Aussi le propriétaire, ayant fait une visite à sa locataire, regretta de ne pas lui avoir loué — ce petit coin-là — deux mille francs au lieu de mille francs.

Mais il la trouva si jolie qu'il faillit lui proposer de ne pas lui faire payer du tout de location.

Dès que Hobard arriva rue de l'Arcade, il vit que le chien dressait les oreilles et s'animait.

— Nous allons trouver Cœur-de-Lion, dit-il à mi-voix.

Il répéta trois ou quatre fois ce nom de Cœur-de-Lion, comme pour mettre le chien plus en éveil.

Le chien ne se fit pas prier pour passer en avant. D'un bond il franchit le seuil d'une porte cochère : c'était la maison d'Angéline.

— Mademoiselle Angéline Duportail? dit l'agent de police au concierge.

— Ah! monsieur, voilà dix fois qu'on m'adresse la même question aujourd'hui; c'est à donner sa langue au chien.

Et il caressa Thermidor, qui le regarda avec quelque fierté.

— Eh bien, pour la onzième fois, je vous demande si Mme Angéline Duportail est ici? reprit Hobard.

— Quand on demande tant les gens, c'est qu'ils n'y sont pas, continua le portier en reprenant son balai.

— Eh bien, si elle n'y est pas, vous allez m'ouvrir sa porte, dit l'agent d'un ton de commandement.

Le portier comprit tout de suite qu'il n'y avait pas à répliquer.

— On y va, on y va, dit-il avec quelque soumission.

Le chien s'était élancé dans l'escalier ; ce qui parut d'un bon augure à Hobard.

— Qui sait, se dit-il, si l'homme ne se cache pas ?

Quand le portier eut pris la clef, il murmura d'un air hypocrite :

— Monsieur a sans doute une autorisation ?

— J'ai mieux que cela, j'ai un ordre.

On monta l'escalier silencieusement.

Quand on fut au palier du troisième étage, le portier ouvrit une porte à gauche.

— Mme Angéline Duportail n'habite donc pas tout le troisième étage?

— Non, monsieur, on a coupé l'appartement en deux.

— Moitié pour elle et moitié pour son amant, sans doute?

— Son amant? Dieu merci, nous avons ici un curé de la Trinité.

— Un curé ! Est-ce qu'ils faisaient bon ménage ?

— Oui : ils ne se voyaient jamais.

On entra. Le chien passa le premier, mais sans emportement.

Hobard jugea alors que l'homme n'était pas là.

En effet, la recherche fut bientôt faite. L'appartement se composait d'un petit salon, d'une chambre à coucher et d'un cabinet de toilette ; un véritable appartement de garçon habité par une amazone, qui y déjeunait d'une tasse de chocolat. Angéline Duportail dînait à la Maison-d'Or ou au cabaret, selon les aventures de la journée.

Dans cet appartement, pas une cachette possible au premier coup d'œil, ni même après examen. De petites cheminées, pas de fausse porte, des tentures sur des murs qui ne sonnaient pas le creux. L'appartement, d'ailleurs, était en désordre; un lit défait, une jupe par-ci, une robe par-là, des bottines dépareillées : on voyait que la femme de chambre avait quitté l'endroit en même temps que sa maîtresse.

Hobard arrêta ses yeux sur un petit revolver, un vrai bijou américain que Cluseret avait donné à Angéline. Pourquoi ne l'avait-elle pas emporté pour se défendre sur les barricades ?

Hobard passa le revolver sous le nez du chien, mais, depuis sa blessure, Thermidor n'aimait pas les armes à feu : il se détourna et secoua les oreilles.

— C'est une arme prohibée, dit Hobard en s'emparant du bijou. Il ne faut pas que la dame puisse en faire mauvais usage : si jamais elle revenait ici, elle pourrait attenter à ses jours !

Et se reprenant, avec un sourire malicieux :

— Comme sa vie ne lui appartient plus, comme sa vie nous appartient, ce ne serait plus un suicide, ce serait un homicide.

Hobard, de plus en plus surexcité par la curiosité, s'était approché d'un petit secrétaire où des papiers étaient éparpillés ; on avait dû y prendre les lettres les plus précieuses. Il se pencha pour voir s'il restait quelque chose à trouver.

Il lut d'abord une facture de couturière.

— C'est étrange, dit-il, c'est une facture acquittée !

Comme il avait remué la facture, il trouva dessous une lettre, sans doute oubliée, qu'il s'empressa de lire.

Ma chère folle, n'oublie pas de me prendre à six heures et demie au Café de Madrid.

Je suis si dégoûté des hommes, comme le grand Danton, qu'il faut que je me repose dans le babil d'une femme.

Nous dînerons ensemble je ne sais où.

CŒUR-DE-BÊTE.

— A la bonne heure ! dit Hobard ; Cœur-de-Lion avait du bon ; il reconnaissait que ses camarades de révolution ne valaient pas mieux que lui.

Ce fut la seule lettre que trouva l'agent de police, si ce n'est une lettre commencée de la ci-devant baronne, portant encore le tortil imprimé en or. Ce brouillon était adressé à un membre du gouvernement du 4 Septembre ; l'Amazone l'appelait familièrement : « Mon cher ami. »

Elle lui parlait de leur rencontre chez une amie

où ils avaient parlé de la République avant la lettre, entre un mot risqué et une tasse de thé.

Elle comptait sur le génie de l'homme du 4 Septembre pour la régénérescence du vieux monde. Elle voulait bien lui donner quelques conseils, et elle finissait par lui demander son appui pour un capitaine de francs-tireurs qui avait son plan, comme le général Trochu, pour ne pas sortir de Paris.

Elle lui accordait, sans façon, une audience chez elle.

La lettre fut-elle envoyée ? le ministre vint-il prendre audience chez la dame ? voilà ce que se demanda Hobard, qui était trop curieux.

— Ces femmes-là touchent à tout, dit-il d'un air dédaigneux ; on les voit dans tous les mondes ; elles connaissent Dieu et diable, elles brouillent la monarchie et la République, ou plutôt elles sont le trait-d'union. Celle-ci, par exemple, était de la Commune, elle était du gouvernement du 4 Septembre ; il n'est pas douteux qu'elle n'eût ses grandes entrées au dernier ministère de l'Empire. Elle me paraît une rude gaillarde ! Il faut que je la trouve. Ce sera l'Ariane du labyrinthe, si Thermidor n'a pas de nez.

Sur la cheminée, dans un cornet en vieux chine, Hobard trouva encore quelques papiers.

— Oh! oh! s'écria-t-il, un billet de Raoul Rigault.

Il s'approcha de la fenêtre et lut ces quelques mots :

Madame et mauvaise citoyenne,

Quelle sacrée idée avez-vous eue là de me faire souper avec un j— f— de Versaillais, car votre ami a beau être patenté par vous, il travaille contre la Commune.

Se défier toujours des gens qui vous sont recommandés ; je suis de l'école de Delescluze ; dès qu'on me recommande quelqu'un, je fais une croix sur son nom.

C'est la seule croix que je reconnaisse.

On vous pardonne pour vos beaux yeux; ils n'en ont pas de pareils à Versailles. Aussi Jourde me disait-il hier : « *Jour de Dieu, il faut que je mette un impôt sur ces yeux-là !* »

RAOUL RIGAULT.

Dites à Dombrowski et à Adolphe Ducharme qu'ils ne s'amusent pas trop avec vous aux bagatelles de la porte des Ternes. Vous êtes brave comme eux, vous leur montrerez le chemin.

Le drapeau rouge fera le tour du monde en passant par Versailles.

— Oui! oui! dit Hobard, le drapeau rouge fera le tour du monde en passant par Nouka-Hiva.

Comme Hobard promenait ses regards çà et là, il s'écria tout à coup :

— Tiens! la dame fume.

Il avait avisé un porte-cigares sur la table de nuit.

— Oh! non, monsieur, dit le portier, madame ne fumait pas ; quelquefois une cigarette, pour faire de la fumée.

— Oui, quand le ciel bleu l'ennuyait. Toutes ces femmes sont pareilles! Alors ce porte-cigares était à son amant?

— Son amant, son amant, je n'en sais rien ; mais je sais bien que ce porte-cigares ne renferme que des cigares et qu'elle fumait des cigarettes. Je ne sais si celui-là était son amant, ou son mari, ou son frère.

— Vous saviez très-bien qu'ils vivaient maritalement, elle et Cœur-de-Lion.

L'homme au porte-cigares devait venir tous les jours, ou plutôt tous les soirs, et ne s'en allait que tous les matins.

— Vous savez, péché caché est à moitié pardonné ; je ferme les yeux quand je ne dois pas les ouvrir.

— C'est bien, c'est bien, ne jouez pas au mystère ; je vous ferai parler malgré vous, quand le moment sera venu.

Hobard avait à peine le porte-cigares dans les mains que Thermidor vint y mettre le nez avec émotion.

— Tenez, en voilà un qui ne fait pas tant de façon pour me dire que le porte-cigares est à celui qu'on appelle Cœur-de-Lion ; il ne fait pas tant de façon pour le reconnaître.

Et se penchant sur le chien :

— Oui, ma bonne bête, ce porte-cigares est à ton maître ; oui, oui, oui, lèche-le.

Hobard avait ouvert le porte-cigares ; il y trouva deux londrès, un billet de cent francs, un billet de vingt-cinq francs et une lettre qui portait le timbre d'Orléans. C'était une lettre de Marguerite où Diane avait mis un mot.

Naturellement Hobard voulut lire la lettre.

— C'est étonnant! dit Hobard qui ne voulait pas s'attendrir, ils ont tous une mère, des sœurs, une maîtresse. Tous ne viennent donc pas du bagne? Ceux-là n'en sont que plus coupables pour être sortis d'une famille nourrie de bons sentiments.

Il remit la lettre dans le porte-cigares, à côté des billets, et le repassa sous le nez du chien.

— Mon pauvre Thermidor, lui dit-il en le caressant, respire-moi cela.

Le chien promenait son nez sur le cuir de Russie. Quand il sentit la lettre, il la lécha.

— Tu vaux mieux que ton maître, va, car je suis sûr qu'il n'a pas baisé cette lettre, lui.

Hobard sortit et appela le chien.

— A moi, Thermidor! Nous allons retrouver ton maître et ta maîtresse.

FIN DU TOME PREMIER.

TABLE DU TOME PREMIER

LIVRE I.

LES AMOUREUSES SOUS LA COMMUNE.

I.	Comment un capitaine de francs-tireurs sauva un chien, le nomma Thermidor et l'adopta.	1
II.	Lumière sur les ténèbres.	9
III.	Quand on boit deux dans le même verre. . . .	22
IV.	La paroisse de l'amour.	27
V.	La robe de laine et la robe de soie.	37
VI.	Où l'on voit apparaître le citoyen Carnaval. .	59
VII.	Mademoiselle de Volnay.	71
VIII.	La Voyante.	80
IX.	Un festin sous la Commune	91
X.	Les menus propos	101

XI.	Comment meurent les femmes.	111
XII.	Comment on fusilla deux réfractaires. . .	121
XIII.	Pourquoi Fine-Champagne fit le signe de la croix	132
XIV.	Comment Carnaval perdit Thermidor . . .	144
XV.	Pourquoi Diane fit une partie de campagne de Versailles à Paris.	151
XVI.	La robe noire	164
XVII.	Canonnades et fusillades	169
XVIII.	Rayon de soleil sur la barricade	184
XIX.	Le va-et-vient de la mort.	194
XX.	Comment Angéline Duportail fut fusillée.	205
XXI.	La sœur qui pleure et la sœur qui rit. . .	216

LIVRE II

LES ÉPOUVANTEMENTS.

I.	A travers l'incendie et la fusillade	233
II.	La femme sans peur	253
III.	Comment Carnaval trouva l'enfer sur la terre.	262

IV.	Dialogue des morts.	278
V.	Comment Fine-Champagne fut sauvée. . . .	292
VI.	La cour martiale.	301
VII.	L'homme anonyme	310
VIII.	Où est la femme	316
IX.	Cœur-de-Bête.	330

FIN DE LA TABLE.

IMPRIMERIE TOINON ET C⁰, A SAINT-GERMAIN.

ÉTUDES DE MŒURS PARISIENNES
(L'ouvrage complet est en vente)

Première série

LES GRANDES DAMES

Tome Ier. — *Monsieur Don Juan.*
Tome II. — *Madame Vénus.*
Tome III. — *Les Pécheresses blondes.*
Tome IV. — *Une Tragédie à Ems.*

1re édition. — 4 volumes in-8 cavalier, portraits gravés sur acier.
Prix : 20 francs.

Deuxième série

LES PARISIENNES

Tome Ier. — *La Femme qui frappe.*
Tome II. — *Mademoiselle Phryné.*
Tome III. — *Les Femmes adultères.*
Tome IV. — *Les Femmes déchues.*

2e édition. — 4 volumes in-8 cavalier, gravures sur acier
Prix : 20 francs.

Troisième et dernière série

LES COURTISANES DU MONDE

Tome Ier. — *La Messaline blonde.*
Tome II. — *Les Aventures de Violette.*
Tome III. — *Les Femmes démasquées.*
Tome IV. — *Comment finissent les passions.*

4 volumes in-8 cavalier, gravurés sur acier. Prix : 20 francs.

Imp. L. Toinon et Cie, à Saint-Germain.

www.ingramcontent.com/pod-product-compliance
Lightning Source LLC
Chambersburg PA
CBHW050544170426
43201CB00011B/1553